海岛明珠夏威夷

HAWAII ISLANDS

《中国公民出游宝典》编委会　编著

中国公民
出游宝典

测绘出版社

《中国公民出游宝典》编委会

顾　　　问：刘振堂　刘一斌　杨伟国

编委会主任：高锡瑞

编委会成员（排名按姓氏笔画）：

万经章　王雁芬　卢永华　石　武　刘一斌

刘志杰　刘振堂　许昌财　江承宗　李玉成

吴克明　杨伟国　时延春　胡中乐　赵　强

高锡瑞　黄培昭　甄建国　潘正秀　穆　文

人文地理作者：万经章

策　　划：赵　强

责任编辑：黄　波

地图编辑：黄　波

责任印制：陈　超

图片提供：万经章　微图图片

总序

当今的中国已成为世界上顶级旅游大国之一，迄今我国已批准了140多个国家和地区为中国公民自费出境旅游的目的地，出境旅游的人数急剧上升，2012年全年已超过8300万人次。这就意味着我国的境外游已达到"升级换代"的阶段。至少对那部分有更高要求的游客，必须有新的旅游产品来满足他们新的需求。

中国地图出版集团旗下，测绘出版社文化生活出版分社组织编写的《中国公民出游宝典》丛书生逢其时，丛书由"人文地理"、"旅游资讯"、"地图导览"三部分组成，具有权威、代表、专业和针对性四大特点。这恰恰是面向中高档次的出境游客的一套货真价实的高端旅游丛书。

一、权威性。参与撰写"人文地理"的作者为我国前驻外使节及其他资深外交官。他们长期从事外事工作，不但熟悉驻在国（地）的地理环境、自然风貌，而且深谙当地的文化习俗、风土人情、历史沿革和特质长项。这些作者多为外交笔会成员，有写旅游丛书的经验，行文严谨、准确、细腻，耐人寻味咀嚼。所以，本丛书提的口号"大使指路，游客追捧，跟着外交官去旅游"是恰如其分的。

二、代表性。在世界200多个国家和地区中，精选出十几个国家和地区，其前提是旅游资源十分丰厚。我国开放出国旅游以来，中国游客青睐、向往之地，在人文、地理、自然、物产和良风益俗诸多方面具有独到之处，在地区或世界上颇有知名度，适宜较高品味的旅游享受。

三、专业性。由权威的旅游专家提供合理的旅游实用资讯，丛书配有执笔者与相关驻华旅游局提供的旅游目的地最新照片，进而图文并茂，游客可未到先知，扩大了选择的余地。抵达后"按图索骥"，更会加深美好的印象。特别值得一提的是，测绘出版社作为本丛书的策划者还提供了详实的旅游地图，方便游客的出行。

四、针对性。在我国经济与社会发展到当今的水平，中高档的出国旅游者，远不满足于浮光掠影、走马观花式的普通游览，提高知识性、趣味性、舒适性成为中高档游客的普遍诉求。故本丛书刻意着墨于"景点背后的故事"，以作者的感悟归纳与凝练，尽量做到简洁明快，易记好懂，令旅行者阅后犹如观实景，穿越时空的隧道，尽享上品的快意与雅趣。

旅游是一部永远读不完的百科全书。洞悉目的地国或地区的方方面面，本身就是对别人的一种尊重与欣赏。而当地人自然也会通过我们这些来自中国的游客，哪怕只是一颦一笑、举手投足，都可窥见中国人及其国家的品位、风貌和素养。坦言之，出版这套丛书有着双重初衷，既为中高档游客提供更多便利，也为我国游客在国门之外的言行举止称得上"中高档次"而提供帮助。让旅游目的地国在分享"旅游红利"的同时，也通过我们的游客分享我国的成长、进步与文明的果实。

刘振堂*

2013.6

---

*中国资深外交官，中东问题专家，前驻伊朗、黎巴嫩大使。

序

在浩瀚的太平洋中部，有一串美得让人心醉的岛链，它像一条光彩夺目的翡翠项链，静静地漂浮在万顷碧波之上，葱郁灵秀，熠熠生辉。它就是美国的第50个州——浪漫海岛夏威夷。

夏威夷州远离大陆，离美国本土有五个小时的飞行距离，岛上很少有导致环境破坏的工业，因此夏威夷的阳光、空气和大海极少受到污染。全州风景如画，有7个国家公园，70多处州立公园，大部分地表由植被覆盖，终年阳光明媚、雨量充沛、空气清新，其碧海蓝天、椰韵清风的浪漫环境早已被世人所熟知。这里让游客倾慕的不是名胜古迹，也不是刻意营造的人文景观，而是群岛得天独厚的自然之美，以及夏威夷人的朴实、热情、友好和真诚。美国大作家杰克·伦敦和马克·吐温生前都特别喜欢来夏威夷度假，美国昔日歌坛传奇人物"猫王"埃尔维斯更是这里的常客。马克·吐温赞扬夏威夷是大洋洲中最美的岛屿，此言不虚，2008年11月美国总统奥巴马就任以来，夏威夷又多了一份向世界炫耀的资本，因为这个美丽而神秘的地方正是奥巴马的出生地。

本人喜欢旅游和摄影，足迹遍布60多个国家，夏威夷是本人曾三次去过的地方，书中介绍的是笔者在夏威夷的所见所闻，间或也夹杂一点浅显的体会和感悟。百密一疏，偏漏之处，还望读者海涵。

万经章

2014.2

目 录
CONTENTS

主要名胜　　　031

娱乐 070

不可错过的旅游体验 072

经典路线游 075

PART 1
人文地理

基本概况

　　夏威夷是美国的第50个州，它是个多民族和谐相处、多文化共同繁荣的多元世界。人口多元、文化纷呈、物产丰富，是东西方文化汇集交融的大熔炉。

1. 主要信息速览

（1）州　名

夏威夷州（State of Hawaii）

（2）位　置

夏威夷州位于美国西南部的太平洋中，所在的大洲是大洋洲。

（3）州　府

火奴鲁鲁（檀香山）是美国夏威夷州的州府，位于北太平洋夏威夷群岛瓦胡岛的东南角。火奴鲁鲁又称"檀香山"，早期为波利尼西亚人小村，因做檀香木贸易和作为捕鲸基地而兴起，境内有很多火山分布。

（4）州　旗

夏威夷州旗沿用了昔日夏威夷王国的国旗式样。这面旗看上去酷似英国的米字旗，但上面多了八条白、红、蓝三色条纹，分别代表夏威夷的八个大岛。据说，这与最早来到夏威夷的英国传教士有关，他们带来了英国的国旗，而当年的卡米哈米哈国王偏好效仿英国人，所以把英国国旗改造了一下，变成了夏威夷王国的国旗，也就是今日的州旗。

（5）人口

夏威夷历经数百年的变迁发展，已变成美国各州中种族最多样、人口最复杂的社会。除了波利尼西亚人后裔及美国本土白人之外，19世纪之后欧洲和日本的移民大举涌入，日本人

一度成为了岛上人数最多的族群。后来，菲律宾、中国、朝鲜半岛等亚洲地区的移民陆续到来，夏威夷的人口构成进一步多元化。目前，白人和亚太裔人口各占人口总数的三分之一，其中华裔就有5万人之众。目前，这种多族群态势仍在变化中，众多族群和不同宗教信仰的人在这里世代和睦相处，一直被传为佳话。

（6）区划

人们常说的夏威夷州主要是指夏威夷群岛东南部相对集中的八个大岛，按面积大小依次是夏威夷岛、毛伊岛、瓦胡岛、考爱岛、莫洛凯岛、拉奈岛、尼华岛和卡霍奥拉韦岛。

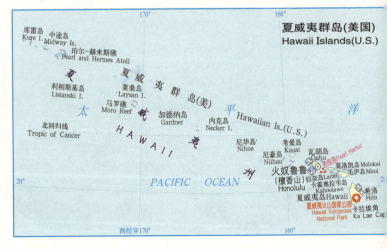

（7）语言

夏威夷最早的语言是来源于波利尼西亚语的夏威夷语。随着大批外来移民的到来和政治版图的变迁，夏威夷语现在已经没有多少人会讲了，夏威夷当今最通行的语言变成了英语，而一些亚洲语言如日语、中文和韩语在一些局部地区也十分流行。

（8）地理

"夏威夷"之名来源于夏威夷州东南部的夏威夷岛，又称为火山岛。夏威夷群岛地处太平洋中部，斜跨北回归线，由132个大小不等的火山岛组成。大约在500万年前，太平洋地壳运动频繁，海洋底下的火山不断喷发，灼热的熔岩突出海面后冷却凝固，形成了长达2400余千米的夏威夷火山岛链。人们常说的夏威夷，主要是指群岛东南部相对集中的八个大岛，这串新生的岛屿从东南向西北方向延伸，呈新月形悬浮在浩瀚的大洋之中，陆地总面积约16 600平方千米，东距太平洋东北岸的美国本土3700余千米，西距太平洋以西的中国大陆约8800千

瓦胡岛西北部的火山遗迹

米。如果从美国本土东南部的大都会迈阿密到中国的香港画一条直线，夏威夷群岛几乎就处于这条虚拟线的中央，因此夏威夷又有了"太平洋上的十字路口"以及"美国通向亚洲的门户"之称。夏威夷群岛扼太平洋海空交通要冲，战略位置独一无二，十分重要。

（9）气候

夏威夷群岛地处东北信风带，各岛迎风的东北面温暖潮湿，降水量丰富，属热带雨林气候；而背风的西南面则大多干燥少雨，属热带草原气候。如以降雨量划分，夏威夷大部分地区5月至10月为干季，11月至次年4月为湿季。如以气温划分，夏威夷没有明显的四季之分，但习惯上人们把岁末至年初相对凉爽的几个月称为冬季，气温一般在18℃～28℃；把气温较高的7月至9月称为夏季，气温多在24℃～31℃之间。可以说，夏威夷既无严寒，又少酷暑，温差变化较小，全年气温都十分舒适宜人。据当地人介绍，这里的气候还有一个突出的特点：夏

怀基基海滩

威夷群岛虽处在太平洋中部的热带水域，但区域性热带气旋并不多见，周边海域很少会生成破坏力巨大的热带风暴，据说这得益于传说中夏威夷火山之神佩雷的特别佑护。

（10）旅游概况

夏威夷有着丰富多彩的旅游资源，旅游业年收入高达数百亿美元，超过当地的国防工业、食糖和菠萝等产业，是夏威夷的核心支柱产业和经济命脉。为了使当地的旅游业更上一层楼，夏威夷当局不遗余力地在全球大力推介夏威夷的特色文化，并取得了巨大的经济和社会效益。如今，夏威夷每年接待游客约800万人次，回头客比例很高，约占游客总数的三分之一，这就说明了夏威夷受欢迎的程度。来夏威夷度假旅游的人以美国本土居多，其次是加拿大人、澳大利亚人、日本人、韩国人以及远道而来的欧洲人。近几年，来自中国的游客人数也持续上升，大有后来居上的趋势。

土著民居

2. 发展历史

夏威夷的早期居民以波利尼西亚人为主。在波利尼西亚语中，"夏威夷"就是"原始之家"的意思。

据史料记载，公元4世纪前后，太平洋中部的波利尼西亚人乘着独木舟在太平洋上漂流，历尽千辛万苦，最后来到了这片辽阔的海域。当他们发现这片连绵起伏的岛屿之后，波利尼西亚人喜出望外，陆续在此定居下来，并把岛链最东面的大岛称之为"夏威夷（原始之家）"岛。

此后一千多年间，太平洋波利尼西亚群岛的其他部落先后移民过来，逐步把夏威夷各岛变成了由波利尼西亚不同部族分散管理的领地。后来，一位名叫卡米哈米哈一世的酋长经过数十年的征战，最后用武力统一了群岛，于1810年在岛上建立起一个统一的夏威夷王国，卡米哈米哈成为夏威夷的第一位国王，被尊为卡米哈米哈大帝。与此同时，西方传教士和外部势力逐渐进入，英国人和法国人曾先后来到夏威夷群岛，并试图宣布对这些岛屿拥有主权。英、法图谋遭到了夏威夷王朝的抵制，最后以失败告终。同期，来自美国的传教士和农场主在岛上势力逐渐壮大，这股外来力量与当时的王室发生了利益冲突。

1893年，在美国国会的纵容下，美国传教士约翰·史蒂文斯勾结当时在夏威夷访问的美国海军包围王宫。在美国武力胁迫下，夏威夷女王被迫逊位，历经几代君主的夏威夷王朝宣告终结。

1894—1898年，夏威夷变成了一个依附于美国的"独立共和国"。1898年，夏威夷正式被美国吞并，1900年划入美国版图，1959年8月21日，夏威夷变成了美利坚合众国的第五十个州。

特色文化

1. 热情友好的"阿罗哈"

　　到了夏威夷，你听到的第一个单词几乎都是"阿罗哈"。这是夏威夷人挂在嘴边的礼貌用语，在夏威夷语里，"阿罗哈"含义广泛，有"你好、欢迎、谢谢、爱"的意思。夏威夷人用动听的"阿罗哈"迎接每一位游客的到来，也用"阿罗哈"伴随每一位游客的行程。在这个梦幻般的地方，气候宜人，天蓝海碧；鲜花盛开，暗香扑鼻；金黄的沙滩一望无际；婆娑的棕榈和椰子树婀娜多姿；当地独特的"卢奥"美食大餐，酒香在空气中弥漫；来自世界各地的游客往来如织。可以毫不夸张地说，这里五彩缤纷的旅游文化和为游客提供的周到服务使夏威夷成了世界上最吸引游客的目的地之一。

拉海纳公园演出

檀香山节庆游行

2. 五彩缤纷的夏威夷花环

花环或花链是夏威夷最常见的特色文化之一。夏威夷原居民很早就知道用岛上随处可见的鲜花制成花环或项链，戴在头上或颈部，把自己装扮得分外鲜艳美丽。如今，夏威夷花环已成为夏威夷人迎来送往时给客人的礼物，是一种友谊的象征。花环通常由兰花或其他鲜花串在一起制成，香艳美丽。通常情况下，热情的主人会将花环套在客人的脖子上以示欢迎；送别时，如果是在海边的码头，主人往往还会在船只起航的时候将花环抛到水中，祝福客人一路平安顺利。夏威夷各岛的花环颜色式样各异，其中夏威夷岛的花环多由猩红色的花瓣编成；毛伊岛的花环常用当地特有的粉红色玫瑰编制而成；瓦胡岛的花环多半是用紫色的兰花或黄色的野花编制；考爱岛的花环往往饰以紫色的花果。各岛花环争奇斗艳，戴在身上都同样美丽。

3. 终年不断的节庆活动

夏威夷节庆活动此起彼伏，终年不断。比较有名的有1月份的檀香山水仙花节；2月份的檀香山樱花节和海滨公园堆沙大赛；4月份大岛首府希洛的梅里女王纪念日；5月份的檀香山卡皮奥拉尼公园花环节；6月份的卡米哈米哈国王纪念日；7月份的夏威夷吉他演奏会等。此外，五花八门的体育赛事，万紫千红的花展，以及具有浓郁地方特色的博览会等，也是一方唱罢另一方登场，使夏威夷充满了节日气氛，变成了一片丰富多彩、令人心驰神往的节日热土。

人文地理

夏威夷节庆活动

4. 婀娜多姿的草裙舞

（1）草裙舞是种宗教舞蹈

提起夏威夷，人们自然会联想到婀娜多姿的夏威夷草裙舞。草裙舞又称"呼啦舞"，原是波利尼西亚人传统的宗教舞蹈。据说，第一个跳草裙舞的人是夏威夷的舞神拉卡，当她知道姐姐火山女神佩雷将要来访时，她便跳起草裙舞以示欢迎。火山女神佩雷非常高兴，她把一束束火焰抛向万里长空，配合妹妹的舞姿，筑起了一道火光璀璨的大幕。自此之后，草裙舞就变成了向神表达爱慕敬畏之情的宗教舞蹈。草裙舞几经演变，今天已经成了游客在夏威夷必看的节目。

人文地理

夏威夷草裙舞

夏威夷草裙舞

（2）草裙舞用丰富的肢体语言表达不同的意境和情感

草裙舞是一种男女均宜的全身运动。舞蹈主要通过四肢和臀部的曲线扭动来讲述传统的故事或描绘特定的场景。女性舞者头上和颈部戴着花环，胸部戴着用鲜花或椰子壳打磨而成的胸衣，身披用棕榈叶编织成的草裙，手脚和腕部饰以小花或响铃。男性舞者穿着则十分简单，往往只缠上一条花色的头巾和腰布。舞者打着赤脚，在曼妙的夏威夷吉他伴奏下翩翩起舞，伸展的双臂，晃动的腰肢，扭动的臀部，与草裙的沙沙声和脚铃的叮当响声交织在一起，构成了一幅美妙的异国风情画。草裙舞手部的动作含义深刻，舞者可以用双手不同的手势表达不同的情感，展现不同的意境，如飞翔的鸟雀、抖动的树叶、潺潺的流水、起伏的海浪等。

（3）草裙舞是爱情
的赞歌

对爱情的赞美是夏
威夷草裙舞永恒的主
题。月光如水之夜，清
风椰林之中，身着夏威
夷衫的男青年，怀抱尤
克里里琴（夏威夷吉
他），在悠扬的乐曲声

夏威夷火山女神佩雷

中，用低沉的歌声倾诉心中的恋情。身穿金色草裙的女郎，颈
上挂着暗香袭人的花环，手舞之，足蹈之，或静或动，或舒缓
或激情，在优美动听的旋律中忘情起舞。少男少女那纯朴的情
感、如诗的氛围、如画的情调，无不令人陶醉。

（4）草裙舞用以赞颂火山女神

粗犷地赞颂火山女神的舞蹈，是夏威夷草裙舞的另一大主
题。火山喷发让夏威夷人心存余悸。他们认为，冥冥之中，火
山女神才是命运的主宰，于是他们用舞蹈来赞颂火山女神的伟
大。在激昂的音乐和号子声中，脸上涂抹着五彩花纹的舞者，
围着熊熊的篝火欢呼狂舞，配上精彩的喷火表演，让观众热血
沸腾。

（5）草裙舞是原住民生活的重要部分

草裙舞已成为夏威夷人生活方式的重要组成部分。夏威夷
有很多教授草裙舞的学校，慕名前来学习的人不计其数，许多
外地人就是通过草裙舞来了解、享受和欣赏夏威夷的哲学、风
俗和宗教文化的。每年4月份，夏威夷岛首府希洛市会举行梅
里女王的纪念活动，最优秀的草裙舞者将齐聚一堂，为慕名而
来的观众献上一场精美绝伦的草裙舞盛会。

5. 简朴实用的夏威夷岛服

怀基基海滩上的歌手

夏威夷地处热带，不论场合和时间，一套以夏威夷花布裁制的夏威夷岛服可以通行无阻。男性穿得很简单，是一种裁制明快的阿罗哈衫；女性穿的花裙稍微复杂，白天穿的略短，叫"姆"；晚上穿的花裙较长，叫"姆姆"。这种以衣服长短命名的做法，也是夏威夷人实用主义的一个例证。夏威夷衫裙的剪裁虽然简单，布料色调却鲜艳浓郁，配上夏威夷亮丽热烈的海岛风光，入乡随俗地穿在身上显得特别舒适应景。

檀香山节庆游行

风俗习惯

　　每个地方的风俗习惯各有不同，如今出国旅游的人越来越多，一些人根深蒂固的不良积习和举动，在国外都被视为失态或者无礼，易引起误会，甚至造成尴尬和不快。为了避免不必要的麻烦，我们要学会入乡随俗。

人文地理

1. 收到花环不能马上摘下

　　在夏威夷，流行送花环。在学生毕业典礼、结婚、生日等场合，最常见的礼品是用鲜花编成的花环；有客人前来，或是要送亲人出远门，送花环可以表示爱情和关怀。假如你游玩时夏威夷人将鲜花做成的花环戴在你的脖子上，你接受了花环以后，除非你转赠的对象是你的家庭成员，不然既不能马上取下来，也不能马上就摘下来转赠他人，否则会被认为很不礼貌。

2. 美食要共享

　　在夏威夷，当你吃东西的时候，如果旁边有人，即使你不认识对方，也一定要请别人一起吃，表示礼貌。如果你到当地人家做客，主人请你吃东西，你一定不能拒绝，否则这样也会

被认为是不礼貌的，因为，主人会以为你认为他的食物有毒才不吃。临走时，你可以将主人款待的食物打包带走，这样主人会非常高兴。

3. 西装穿着有讲究

夏威夷因为天气的原因，人们一般都不穿西装，只有在参加婚丧仪式、上法庭等正式场合才穿，表示尊敬与隆重。

4. 小孩的头不能随便摸

夏威夷人认为头是神圣的，没经过同意，随便摸人的头意味着冒犯和不敬。因此，在夏威夷遇到小孩时，你千万不能认为摸孩子的头是表示对这个可爱的孩子的喜爱之情，夏威夷人的头不能摸，游客不能轻易地去冒犯。

5. 开车忌讳按喇叭

在夏威夷，汽车喇叭，只能在紧急情况下使用。夏威夷人认为每个行人享有优先路权，如果发现前方有行人横过马路，开车的人要有礼貌和耐心地等一等，在并非紧急情况下乱按喇叭会被认为是极其粗鲁的行为。

瓦胡岛热情的海滩服务生

主要岛屿介绍

　　夏威夷各岛旅游特色不尽相同。八个大岛之中，旅游资源最丰富、知名度最高的当属瓦胡岛、毛伊岛、考爱岛及夏威夷岛四个大岛。其他四个较大的岛屿，有刻意保留下来的土著家园，有人迹罕至的私人领地，还有美军军演的射击场。这些岛虽然也是风光无限，各有千秋，但多是封闭式管理不对游客开放，因此一般情况下游客基本上无缘前往。

瓦胡岛落日海滩

1. 瓦胡岛——集夏威夷精华之大成 (地图P082–P083)

　　瓦胡岛是夏威夷的第三大岛，在当地土语中，"瓦胡"意味着是个"聚集之地"的意思。该岛长约71千米，宽48千米，总面积1574平方千米，人口约95万，占夏威夷人口总数的80%。瓦胡岛南岸的火奴鲁鲁(檀香山）是夏威夷州的州府，也是夏威夷政治、经济、金融、旅游和文化中心。

　　瓦胡岛是夏威夷群岛中仅次于考爱岛的第二古老的岛屿。据考证，这里原是两个相邻但独立的火山岛，大约在200万年前，地壳活动再次爆发，两岛之间的海底上升，把原本分开的陆地连接起来，造就了如今单一的瓦胡岛体。高耸的科奥劳山脉和怀阿纳埃山脉斜贯瓦胡岛两侧，新生的高原地带横跨其间。数百千米长的海岸线像一条银色缎带把高山大地围拢在一起，造就了瓦胡岛绮丽的绝世风光。

瓦胡岛集中了夏威夷群岛的精华，首府檀香山、怀基基海滩、钻石山、珍珠港、伊奥拉尼王宫、唐人街、恐龙湾、波利尼西亚文化中心、落日海滩等都是岛上著名的观光景点。瓦胡岛与中国香港纬度大致相同，气候温和舒适。岁末年初的几个月是凉爽的冬季，平均气温在20℃左右；每年的7、8、9月是夏季，最高气温一般不会超过30℃，常年平均温度为20℃～30℃。

　　瓦胡岛经济呈多样性。旅游业是全岛的经济命脉，其次是军需服务和军工行业。瓦胡岛内地盛产甘蔗、菠萝、香蕉等热带作物，工业制糖、水果罐头、水泥、钢筋、服装等制造业也有一定规模。

　　到夏威夷的游客多数会选择在瓦胡岛落地。岛上的火奴鲁鲁国际机场每年旅客流量达700余万人次，是太平洋最繁忙的航空枢纽。瓦胡岛的都市之美和自然之美结合在一起，使它变成了世界上最变化多端和激动人心的度假胜地之一。

瓦胡岛海滨公园

2. 毛伊岛——神奇的"山谷之岛" (地图P100)

毛伊岛是夏威夷群岛中的第二大岛。首府设在怀卢库市，总人口约15万，约占夏威夷人口总数的九分之一。毛伊岛上每年游客造访量高达250余万人次，它那和煦的阳光和沙滩让游人流连忘返，连续多年被评选为"世界最美的岛屿"之一。无怪乎，它的魅力让美国大文豪马克·吐温为之折服，在结束毛伊岛之旅后，这位经多见广的大作家兴高采烈地写道："我本来打算来毛伊岛度假一周，实际上却住了五个星期。从来没有哪一个地方能让我过得如此愉悦，临走时又如此依依不舍……对这一切的美好回忆将伴我终生……"这也许就是对毛伊岛的

毛伊岛日落

最佳诠释。

　　如果乘飞机由东向西飞越毛伊岛，从高空向下俯瞰，你会发现毛伊岛就像一尊悬浮在海上的美女半身浮雕，头、肩、胸、背栩栩如生。如果你把毛伊岛的地图顺时针转动一下，一幅清晰的美女侧面像同样会活灵活现地出现在眼前。小岛上方的西北部呈椭圆形，碧波白沙环绕，完美地勾画出一个美女的头部轮廓。她面朝西南，著名的卡阿纳帕利海滩和古老的捕鲸小镇拉海纳就在她的前额和脸部。下面是美女较细的脖颈，毛伊岛首府怀卢库和中心城市卡胡卢伊就位于脖颈的后方。右上方是小岛的东北部，著名的哈纳公路就像美女的脊梁，向东一直延

伸到毛伊岛最东端的哈纳小镇。左下方的西南部，风光无限的度假胜地怀莱阿向海中突出，好像是美女的前胸。更妙的是，怀莱阿正前方的海面上，有一个弯弯的名叫莫洛基尼的小岛，活像是垂在美女颈上的一粒月牙形挂坠。上天的杰作惟妙惟肖，实在让人匪夷所思！

毛伊岛由东西两个板块构成，中间靠一段瓶颈状陆地相连，最长的两点距离为77千米，最宽处约40千米，海岸线长约190千米，面积约1886平方千米。西毛伊的中心是西毛伊山脉，东毛伊岛主要由海拔3千米的死火山板块构成。所有的道路都围绕着这两座难以穿越的山体分布。因岛上山高路险，毛伊岛被称为"山谷之岛"，也称"神奇之岛"。

3. 考爱岛——人见人爱的"花园之岛" (地图P110)

考爱岛位于夏威夷群岛最北端，面积1430平方千米，是夏威夷第四大岛，人口约7万，首府在东南沿海的利胡埃市。从地质学的角度看，考爱岛堪称群岛中

考爱岛田园风光

的老大哥，它形成于六百万年之前，比夏威夷其他岛屿更为古老；从历史学上讲，早在公元前500年，这里就开始有人定居，远早于其他岛屿。1810年归顺夏威夷王朝之前，考爱岛一直是个独立的酋长国。考爱岛也是英国航海家詹姆斯·库克船长于1778年1月18日首次在夏威夷群岛登陆的地方。

考爱岛又名"花园之岛"，它就像名字一样可爱，是个浪漫温馨、极具田园风格的热带假天堂。

（1）自然而原始的美

考爱岛美在其自然，美在其原始。几近圆形的小岛上，

夏威夷考爱岛

到处是未经开发的处女地，连绵起伏的山峦峡谷、巍峨险峻的悬崖峭壁、葱翠茂密的热带雨林、交错纵横的小溪急流、飞泻倒挂的山间瀑布、细软洁净的海滨沙滩……自然界的一切美景，几乎在考爱岛都可以找到。在绵延不尽的波伊普海滩上，游人可以尽情地享受日光浴或游泳、浮潜，在怀卢阿河上可以漂流或荡舟，可以沿着山间小道徒步远足，也可以乘坐高空滑索在苍翠山谷中悠荡。游览考爱岛有多种方式，最普遍的是开车或乘游览车前往你所心仪的景点，另一种是乘观光直升机从空中俯瞰那些从陆地上难以进入的地方，第三种选择是乘游艇从海上观看这个变化莫测的奇妙仙境。当然，如果你拥有良好的体格和意志，也可以选择徒步旅行，用双脚去探索这个魅力无穷的世界。

（2）气候多变、雨量充沛

考爱岛气候多变，从温热的海滨到苍翠的内陆，从多雨的中部山区到干旱的西部荒野，几百千米之内往往会经历几个不同的气候带。所幸北方吹来的信风带走了大部分湿气，岛上的气温全年都比较舒适。

考爱岛中部的怀厄莱阿莱峰海拔近1600米，年降雨量高达12 000毫米以上，是世界上雨量最充沛的地区。因长年阴雨绵

夏威夷日落

绵，山顶部的阿拉凯大沼地孕育了世界上许多独有的动植物。从远处看，山顶终年云雾弥漫，而近处的山谷林地却是青翠欲滴，不知不觉中，淅淅沥沥的阵雨会不期而至；天空放晴后，山间经常出现飘动的彩虹。岛上郁郁葱葱，除了天然植被和热带雨林之外，层层叠叠的梯田和原野里，绿油油的甘蔗园和果园与青山混为一体，使这个可爱的绿岛增添了无穷的活力。

（3）浪漫的伊甸园、好莱坞大片的取景地

考爱岛大概最符合国人对"海上有仙山"的美好想象。多少年来，世界上无数人不远万里来到这个浪漫的伊甸园，为的就是圆其寻仙之梦。成千上万的男男女女专门来到考爱岛上喜结连理，好莱坞影人对考爱岛独特的风光更是酷爱有加，著名的电影《金刚》、《南太平洋》、《蓝色夏威夷》、《鲁宾逊漂流记》，以及家喻户晓的《侏罗纪公园》等大片都是在这里选景拍摄的。考爱岛的美丽让任何人都难以抗拒！

4. 夏威夷岛——壮观的"火山岛" (地图P120)

夏威夷岛俗称"大岛"，位于夏威夷群岛的东南端，由五座火山构成，面积10 414平方千米，比其他岛屿的面积总和还要大；但夏威夷岛年龄最轻，从生成年代来讲是群岛中的小弟弟。因火山活动频繁，华人又称其为火山岛。夏威夷岛的面积仍在扩大，1983年以来，火山喷发为夏威夷岛又增加了约2平方千米的陆地。

夏威夷岛人口约19万，首府在东北部的希洛市。历史上，夏威夷王朝的开拓者卡米哈米哈一世就出生在夏威夷岛，并从夏威

夷岛开始征战，最终完成统一群岛的大业，建立了夏威夷王朝。

船舶

夏威夷岛气候多样，沿海地带温暖湿润，属亚热带气候；而地势较高的山区则相对凉爽。夏威夷岛地貌复杂，有令人叹为观止的火山遗迹，也有恬静美丽的乡村小镇。从郁郁葱葱的热带雨林到寸草不生的火山荒漠，从白雪皑皑的山峰到与众不同的黑沙海滩，地形地貌反差显著，让游客可以在一天之内体验几个完全不同的世界。

5. 莫洛凯岛——"友情之岛" (地图P004)

莫洛凯岛是夏威夷第五大岛，俗称"友情之岛"，面积670平方千米，岛上景色如画，但人迹罕至，原始风貌保持完好。19世纪，麻风病从外部传入夏威夷，莫洛凯岛成了专门收容麻风病人的地方。一个名叫达米恩的西方神父自愿来到这里传播基督福音并救助麻风病人，后来他自己也因感染麻风病在此地与世长辞。为了感谢这位济世救人的神父，夏威夷人在莫洛凯岛上为他修建立了一座铜像，以示永久纪念。

6. 拉奈岛——"菠萝岛" (地图P004)

拉奈岛是夏威夷第六大岛，又称"菠萝岛"，面积364平方千米，为私人所有。这是一个宁静、浪漫、幽僻、私密性极高的世外桃源，著名景点有被评为全美最佳海滩的呼罗普海湾、沉船海滩、众神花园等。微软创始人比尔·盖茨的婚礼就是在这个小岛上举行的。最近有消息说，此岛已被美国甲骨文公司老板拉里·埃里森收购。

7. 尼华岛——"封闭之岛" (地图P004)

尼华岛是夏威夷第七大岛，面积180平方千米。据考证，它本是考爱岛的一部分，后来由于板块作用断裂开来，形成了一个独立的小岛。岛上居民不足200人，以夏威夷土著居民为主。该岛是一个刻意保留下来的原生态岛屿，上面没有任何现代文明痕迹，生活完全按照千百年来的古老方式，延续至今。尼华岛居民不欢迎外人到岛上活动，故被称为"禁岛"或"封闭之岛"。

8. 卡霍奥拉韦岛——"靶子之岛" (地图P004)

卡霍奥拉韦岛是夏威夷八个主岛中最小的一个，面积只有100平方千米，居民极少。1990年之前，这座小岛曾经是美国海军的实弹演习场，故常被称为"靶子之岛"。按照相关协定，美国联邦政府已将小岛管辖权归还给夏威夷州政府。小岛风光别具一格，将被逐步开发成一个旅游目的地。

卡霍奥拉韦岛

 **主要名胜**

夏威夷有丰富多彩的旅游资源，该群岛火山、大海、茂密植被的原始之美与州府火奴鲁鲁（檀香山）等浪漫都市之美完美地结合在一起，使夏威夷成为闻名全球的热带度假天堂，其独特的民俗风情、优美的自然环境像磁石一样吸引着全球各地的游客，每年游客可达800万左右。

1. 令人震撼的火山公园——夏威夷火山国家公园
(地图P120B1)

夏威夷火山国家公园是夏威夷岛最著名的景观。公园建于1916年，位于夏威夷岛的东南部，沿11号公路到希洛市车程不足一小时，1987年被联合国教科文组织列为世界自然遗产，1990年被确定为世界生态环境保留地。

公园占地1300多平方千米，主要景点有游客中心、火山瞭望台、火山女神之家、火山溶洞、硫黄海岸、火山喷气眼和灾难路等。园内道路纵横，弯曲的山间公路和200余千米的步行小道穿插交错，游客可以在高低不平的山壑林地和熔岩之间穿行，像夏威夷人那样感受直面火山时的那种无形的超自然的神力。

夏威夷火山国家公园

偌大的游客中心提供关于火山的各种图片、展览和电子演示，游人也可免费领取火山资料和导游材料。中心外面的围栏内，湿乎乎的热气带着刺鼻的硫黄味从地下岩孔中不断释出，围栏外面的山包上，大大小小的火山口在朦胧

火山公园内

的雾气中喷吐着白色的烟雾，周围氛围一片肃杀，好像火山随时都会有更大的爆发。公路两旁，可以看到凝固的黑色熔岩巨坑、多年前被烧焦的树干、熔岩流动中形成的管状洞穴，以及状若蜂窝的小火山口等。如果从11号环岛公路转到130号公路的

行走在火山熔岩上

尽头，徒步跋涉几千米后，在陡峭的岸边还可以看到熔岩的入海口。运气好的话，你可能亲眼看到流动的红色熔岩缓缓泻入大海，并激起团团气雾的壮观场景。

火山带来的不仅是毁灭，假以时日，火山岩沉积地带也会孕育出新的生命。夏威夷火山国家公园里，就生长着茂密的热带雨林和鸟类等生物群。夏威夷岛就像一座生命博物馆，见证着大自然生生不息的神奇力量。当地的土著居民对火山爆发充满敬畏，认为这是源于超自然的神力，火山活动频发的地方也就是万能的神所居住的地方。

2. 美国人心中永远的痛——珍珠港 (地图P082B3)

珍珠港位于瓦胡岛中部的南端，距离东边的州府火奴鲁鲁(檀香山)约10千米。在这片海陆相连的交界处，一条狭窄的水

珍珠港纪念馆前

道穿过蟹钳似的两翼屏障，从海上通向陆地，形成了三个天然深水港。此水域过去盛产珍珠，故得名珍珠港。辽阔的港湾内，水深浪静，可供船只使用的水域多达20余平方千米，天然掩蔽屏障良好，舰船回旋余地巨大。此港位居太平洋中央，扼北太平洋空海交通要冲，战略位置十分重要。第二次世界大战之前，美国已把它建成了美国海军主力太平洋舰队的旗舰基地。

稍微有历史常识的人都知道第二次世界大战中的"珍珠港事件"。1941年12月7日，日本对位于珍珠港的美国太平洋海军基地发动大规模偷袭，美海军太平洋舰队几乎全军覆没，这就是世人皆知的"珍珠港事件"。遭此偷袭，美国全国同仇敌忾，美国总统罗斯福随即对日宣战，太平洋战争爆发。

珍珠港事件成为了美国人心中永远的伤痛。有人说，到珍珠港的游人增多可能与好莱坞影片"珍珠港"等电影有关，此说不无道理，但最主要的恐怕还是世人的爱国之心、正义之感以及人们不想忘记历史的情怀所致！到纪念馆参观的人不仅来自美国，还有来自世界四面八方的。来访者在默默地为亡灵祈祷的同时，也在期盼着人类永远不再遭受战争的劫难。借用"联合国宪章"的原话，就是"欲免后世再遭今代人类两度身历惨不堪言之战祸"。

珍珠港内的军舰

"珍珠港事件"

　　1941年12月7日，一场史无前例的腥风血雨突然从天而降。由日本海军联合舰队司令山本五十六策划已久的大规模立体海空偷袭犹如晴天霹雳，一下子把风平浪静的珍珠港变成了火与血的海洋。

　　清晨七时许，在夏威夷周边潜伏待命的日军联合舰队接到突袭命令，由183架战斗机和轰炸机组成的第一波突击队立即以战斗攻击队形扑向珍珠港，成吨的炸弹暴雨般倾泻到美太平洋舰队基地四周的几个机场上，顷刻间把停靠在机场上的数百架美军飞机炸成一堆堆废铁。随后，日本鱼雷机从天而降，几乎是在海面的高度，向停泊在港内的美国军舰发射鱼雷。大火和爆炸引起的烟雾，顿时遮蔽了整个珍珠港，不少美国军舰顷刻沉入海底。担任第二波攻击任务的168架日军飞机绕道瓦胡岛东部，瞬间呼啸而至。与此同时，潜入珍珠港内的日本袖珍潜艇也从水下对美舰展开致命攻击。

　　闪电式的立体打击把美军打得晕头转向，战斗力几乎丧失殆尽。约两个小时的轮番轰炸和海上攻击之后，珍珠港内外一片狼藉。美军损失265架飞机，40余艘各型舰船被击沉或重创，其中，被击沉的有4艘战列舰、2艘重巡洋舰、2艘轻巡洋舰、2艘驱逐舰和1艘油船；遭到重创的有3艘战列舰、3艘重型巡洋舰、3艘驱逐舰、4艘轻巡洋舰和5艘辅助船只。美军伤亡人数高达4 181人，其中2 403人阵亡，1 778人受伤。"亚利桑那"号主力战列舰就是被击沉的美军战舰之一，舰上的1 177名水兵随军舰一同葬身于12米深的水下。

　　日本海军虽然以较小的代价赢得了这场豪赌，也把惊愕愤怒的美国人拖进了战争。罗斯福总统将1941年12月7日称为美国国耻日，美国国会一改此前对日模棱两可的暧昧态度，当即支持总统对日宣战，太平洋战争爆发，美国正式加入了第二次世界大战。

3. 太平洋中的大观园——波利尼西亚文化中心
(地图P082A3)

波利尼西亚文化中心是瓦胡岛北部最著名的旅游景点。这个大型的文化主题公园集中展示了大洋洲岛国的文化和风貌，自1963年10月开园以来，观光客累计达到3 500万，受欢迎程度由此可见一斑。该文化中心位于檀香山以北的拉耶县，两地有高速公路相通，车程一个多小时，交通十分方便。中心是由美国摩门教教会创办的，作为摩门教杨百翰大学夏威夷分校的近邻，波利尼西亚文化中心为该校的学生提供了大量实习和勤工俭学的机会。

（1）园区充满了波利尼西亚民族文化特色

中心占地250余亩，宽敞的园区中间有一个狭长的人工湖，湖水涟漪不惊，岸边郁郁葱葱的花木草地之中，散落着七组波

波利尼西亚文化中心风土表演

利尼西亚原生态村落（夏威夷、斐济、汤加、萨摩亚、大溪地、马克萨斯群岛以及新西兰毛利）。七个村落错落有致，建筑风格迥异，保持着几百年前的传统风貌，从不同侧面展现了波利尼西亚民族的文化特色。每个村落都有自己的民俗陈列馆和特色活动，身着民族服饰的主持人，风趣幽默，热情地向客人介绍本民族的生活和习俗，有时还主动教客人跳舞、编织、击鼓或投掷标枪。园区中人头攒动，欢声笑语，充满了友善、快乐和轻松的气氛。

（2）园内有丰富多彩的风土表演和娱乐活动

丰富多彩的土风表演让游客回味无穷。在这里，你会看到古代东加人旋律激昂的皮鼓舞，萨摩亚人激情奔放的火刀舞，新西兰毛利人刚劲有力的长矛舞，斐济人活泼可爱的竹棍舞，大溪地人节奏明快的草裙舞等等。

太阳落山以后，园区餐厅将为客人提供丰盛的"卢奥"自助餐。拂去一天游园的疲劳，坐下来喝一杯夏威夷特色冷饮，在悠扬的旋律中享用一顿美食大餐，别提多有味道！如游兴未尽，游客可以前往宽敞的中心剧院，观看由一百多名演员参加的"生命的呼吸"大型歌舞晚会。火把舞表演是晚会最为惊险刺激的压轴节目。一队英武潇洒的土著小伙子赤膊上场，脸上涂抹着不同的纹饰，身上披着羽毛和饰带，在激昂豪放的音乐声中，以粗犷的舞姿跳起赞美火山女神的火把舞。间或灯光熄灭，一片漆黑之中，只有演员舞动着橙红的火把，前后左右飞舞狂奔。舞台上，时而出现流动的火红曲线，时而变成飘忽不定的火焰呼啦圈，在黑绒般夜幕的衬托下，视觉效果极佳。表演过程中，演员不时喷烟吐雾，大秀神勇，令游客欢呼不已。

除了传统的游园活动和土风表演外，波利尼西亚文化中心还为游客打造了许多其他娱乐节目，如林中漫步、独木舟游湖、观看大屏幕3D电影等等，所有的游客都可以找到自己喜爱的活动项目。

波利尼西亚文化中心向世人集

波利尼西亚文化中心竹棍舞

中展示了大洋洲土著居民的原生态风貌，用鲜明的艺术形式把波利尼西亚族群不同时期的文明交织在一起，为夏威夷的旅游业带来了巨大的商机。

（3）猫王主演影片《夏威夷天堂》的拍摄地

来到波利尼西亚文化中心，游人不能不想起传奇般的美国音乐人"猫王"埃尔维斯（Elvis）。猫王生前是夏威夷的常客，他多次来到此地拍电影、举办音乐会，人们耳熟能详的名曲"岛屿的鼓点"是猫王主演的影片《夏威夷天堂》的主题曲，而这部电影正是1965年在波利尼西亚文化中心拍摄的，文化中心至今还保留着猫王当年的演出场地。为了纪念这位摇滚乐传奇人物，文化中心特意开了一家"阿罗哈猫王专卖店"，出售与猫王有关的书籍、唱片和纪念品。猫王名曲《摇滚呼啦宝贝》和《夏威夷日落》的旋律在专卖店里绕梁回荡，猫王粉丝往往会情不自禁地跳起舞来。在这里买上一件《蓝色夏威夷》中猫王穿的阿罗哈花衫，该是多么浪漫有趣！

4. 魅力无限的怀基基海滩 (地图P083B3)

怀基基海滩位于瓦胡岛檀香山的岸边，东起钻石山下的卡皮奥拉尼公园，西至阿拉威游艇码头，长度约2千米。怀基基海滩，这个曾被"猫王"埃尔维斯（Elvis）多次歌咏传唱，被大作家杰克·伦敦著文赞颂的黄金海岸，充满了无穷的动感和魅力，是到夏威夷之后的必游之地。

怀基基海滩上的酒店客房多达三万余间，游客日均两三万人，是世界上人口最稠密的海滩之一。海滩上沙细如绵，平缓舒展，海水像碧玉一样湛蓝，像清泉一样纯清，温温的、柔柔的，让人下去就不愿离开。美丽的海滩上，五颜六色的遮阳伞星星点点，不同肤色的人身着泳衣，在细白如粉的沙滩上享受温煦的阳光。更有数不清的比基尼女郎，或大摇大摆地"招摇过市"，或躺坐在沙滩上悠然自得地闭目养神，难怪有人说，怀基基简直变成了一片"人肉沙滩"。晚霞中，沙滩上游人如织，情侣们三三两两牵手嬉戏。迎着片片晚霞，伴着暖暖的海风，男女老少在沙滩椰林下漫步，看着红红的太阳在大海上慢慢隐

去，是何等惬意！夜幕下，好客的波利尼西亚人会在沙滩上点起火把，为游人歌舞助兴。周末或节假日里，当地旅游当局经常会组织学生和演艺界人士沿着怀基基海滩大道彩妆游行，游客也会纷纷加入，川流不断的人群中有的徒步前进，在欢快的乐声中载歌载舞。间或，你会看到装饰着鲜花彩带的老爷车混在人流中缓缓而过，有时，还会有骑着高头大马的骑警来往巡视，好不热闹！日月星辰变幻出五彩风光，怀基基海滩的海之韵、光之灵，为远道而来的游客奏出了一支优美的浪漫舞曲。

不管水性如何，男女老少都可以在这里找到戏水的乐趣。风平浪静时，位于喜来登冲浪者饭店和怀基基饭店之间的开阔海面，是游泳、划船等水上运动的最佳场所。不过，海水并不总是那么温柔。每当海风激起层层浪花，前仆后继向海滩涌来时，怀基基海滩又呈现出别样的粗犷景致。这时，勇敢地冲浪爱好者就可以大显身手了，他们就像矫健的海豚，在浪尖涛谷中穿梭飞驰，高难度的表演往往令游人啧啧称奇。专业的救生员从早到晚在海滩上轮流值班，终日守护着游人的安全。

怀基基海滩

5. 好莱坞外景基地——库阿洛阿牧场 (地图P083A3)

库阿洛阿牧场位于瓦胡岛北岸的库阿洛阿山谷附近，这里一边是高山，一边是大海，山海之间有大片的沃土和草地，是一片风吹草低见牛羊的天然牧场。夏威夷的先人曾经在这里生活，至今还保留着不少的历史遗迹，对夏威夷人来说，这是一个神圣的地方。现在，库阿洛阿牧场已变成旅游度假中心，许多游客慕名前来骑马野游，不过除了体验骑马之旅，在这里还能搭乘无轨电车闲游或是驾驶四轮越野车兜风。这里的好山好水特别受好莱坞导演的垂青，《侏罗纪公园》《珍珠港》《绿巨人》《失去的世界》等好莱坞大片的部分场景就是在科奥劳岭山谷牧场附近拍摄的。

库阿洛阿牧场

6. "太阳之屋"——哈莱阿卡拉国家公园 (地图P100B2)

毛伊岛以山谷秀丽著称。横跨毛伊岛东南部的哈莱阿卡拉火山号称是世界上最大的休眠火山，海拔约3千米，是毛伊岛的最高峰，其优雅陡峭的山体远远就能看到。山顶凹陷的火山口有1千米深，容量之大足以盛得下纽约的曼哈顿。

在夏威夷语中，哈莱阿卡拉是"太阳之屋"的意思。据传说，远古时代半人半神的毛伊神和他母亲就住在这座山上。为了让更多的阳光照耀这一片山川大地，毛伊神在太阳穿过天空时，就站在火山顶上把阳光套住，从而减缓了太阳下降的速度。毛伊为这一片大地争取到了更多的阳光和生机。

哈莱阿卡拉国家公园有着多种多样的生态。游人可以攀登到哈莱阿卡拉的山顶徒步旅行，欣赏山脚下的景观；可以在世外桃源般的山间小路上骑马或远足，探寻休眠火山的秘密；也可以遍访散落在山区的瀑布和溪流，欣赏满眼青翠、生气勃勃的热带风光。运气好的话，在山坡上还能看到夏威夷特有的一种植物"银剑花"。这种植物生长期缓慢，大约七八年之后才开

瀑布

一次花，开花时上百朵小小的花蕾在阳光下争相绽放，绚丽夺目，煞是好看。乘车上山之路虽然崎岖，但在几十千米的山路上，你会历经从热带雨林到苍松翠柏、从满眼青翠到光秃荒凉的火山遗迹的剧烈变化。3千米高的哈莱阿卡拉游客中心是毛伊岛观看日出日落的最佳地点。在天气晴好的早晨，一轮红日从远方的海上喷薄而出，万道光芒从云端辐射开来，让人目眩心动。傍晚，站在高山之巅，目睹火红的太阳在哈雷阿卡拉山的西方徐徐落下，看着绯红的晚霞冉冉升起，心胸无疑会豁然开朗，此景此情，令人终生难忘！

7. 哈纳公路寻古探幽 (地图P100B2)

哈纳是毛伊岛最东端的一个海滨小镇，历史上曾经是毛伊岛通向外部世界的门户，著名的哈纳公路就是一条从毛伊岛北部重镇卡胡卢伊开始，沿着东北海岸线的走向，一直通向哈纳镇的险峻曲折的山间公路。这条公路全长80余千米，全程有617个急转弯道，跨越56座单行道小桥，穿过多处热带雨林，堪称世界上景色最美的行车路线，是毛伊岛最著名的景点之一。经

过多年整修，如今的哈纳公路弯曲起伏照旧，但路面已大为拓宽，行车更方便安全，而且公路已延伸到哈莱阿卡拉国家公园东部的基帕胡卢镇，更便于游人全方位欣赏毛伊岛东部山海之间的原始地貌。

在哈纳公路上驾车，是一种惊险刺激但大饱眼福的享受。整条公路呈上下起伏、左盘右旋的多变S形，一会儿穿越浓密的雨林绿荫，一会儿驶过广袤的草原和荒野，一会儿是银花四溅的飞瀑激流，一会儿又是险峻突兀的悬崖峭壁……加上有蓝天白云和万顷大海如影随形一路相伴，可谓车行步步皆美景，游人恍若在画中，令人惊心动魄，心旷神怡！

哈纳公路

哈纳小镇古朴优雅，完好地保留了天然风貌，街道洁净如洗，商店、酒吧、餐馆以及各种特色的店铺排列在街道两旁，旅游设施齐全。小镇附近的哈纳海滩被称为太平洋最美的海滩之一。由于火山岩质和风化程度的不同，哈纳地区的沙滩往往呈现不同的色彩。在威阿纳帕纳帕纳州立公园，你可以看到与众不同的黑沙海滩；在比较偏远隐蔽的凯哈卢鲁海滩，沙滩则是炫目的红色，十分美丽动人。远道而来的游客可以在小镇上寻古探幽，也可以到这些色彩斑斓的沙滩上漫步或享受日光浴，爱好运动的人还可以到清澈见底的海水中游泳或浮潜，与色彩斑驳的鱼群来个亲密接触。在历经哈纳公路上几个小时的颠簸之后，在哈纳小镇彻底放松下来，无疑惬意万分。

哈纳镇西南方16千米之外就是"太阳之屋"哈莱阿卡拉国家公园的东部，公园的一角有七条蜿蜒下垂的瀑布，在山谷中汇集一处，形成层层叠叠的瀑布水塘，这便是有名的七圣池，景色绝美，游人络绎不绝。

奇妙的红沙滩

8. 太平洋大峡谷——怀梅阿峡谷 (地图P110A1)

　　考爱岛西部有众多的自然奇观，最著名的莫过于有"太平洋大峡谷"之称的怀梅阿峡谷了。峡谷由北向南伸展20余千米，最宽处约1.6千米，从谷峰到谷底，落差达1千米，景色之壮美完全可以与美国本土的科罗拉多大峡谷相提并论。

　　怀梅阿大峡谷鬼斧神工，是大自然雕刻师的旷世杰作，其原始粗犷之美让人顿生敬畏。峡谷地形复杂，道路崎岖，很难从陆路进入到峡谷深处，如果乘越野车沿552号公路前往，可以到达沿途的怀梅阿、卡拉劳和普奥基拉等观景台纵览峡谷风光。要想饱览峡谷全貌，最好的办法是乘观光直升机，从空中体验不一样的风景。茫茫的西部高原戛然断裂开来，形成了一条千沟万壑、深邃壮美的大裂谷。裂谷之中，有些地段裸露着深红色或浅褐色的岩石，有些地段又铺满苍翠青葱的植被，有的山地平缓优雅，有的山峰突兀狰狞。从空中向下俯瞰，高耸的山峰几乎触及机翼，谷底的溪流在山间绕来绕去，银练般的飞瀑从悬崖上泻入蔚蓝的水塘，彩虹在山水间忽隐忽现。峡谷的南端通向大海，海面白浪迭起，海岸线犬牙交错。随着天气的阴晴变化和阳光照射方向的改变，怀梅阿峡谷还会变幻出浓妆淡抹总相宜的五颜六色。大峡谷宛如一条桀骜不驯的苍龙，尾北头南、蜿蜒匍匐在考爱岛西部，把方圆数百里的区域变成了《侏罗纪公园》中那个怪兽出没、恐龙横行的蛮荒之地。

怀梅阿大峡谷

PART 2

旅游资讯
地图导览

最佳旅游季节

几乎所有的季节都适合到夏威夷旅游。最火爆的旅游旺季是9月中旬至次年3月和6至8月。值得一提的是，夏威夷有些活动是根据季节决定的，如每年1至3月，是观赏鲸鱼的最好时节；每年夏天是帆板运动的最佳季节；冬季则是冲浪的好时节。旅游旺季出行价格自然相对较高，想节省开支的游客可以在4—5月、9—10月中旬出游。

旅游准备

夏威夷的岛屿众多，主要有瓦胡岛、夏威夷岛、毛伊岛、考爱岛、拉奈岛、莫洛凯岛等，花费也不菲，因此做一个旅游规划很有必要。在夏威夷群岛，可以选择瓦胡岛、夏威夷岛、毛伊岛、考爱岛这四座主要岛屿游玩，每座岛屿花4天左右的时间停留。如果，你只有两个星期的游玩时间，玩4个岛屿时间会比较紧张，建议选择其中3个岛屿游玩。

在夏威夷，特别是旅游旺季，游客特别多，因此要提前1到2个月预订好机票、酒店。另外，应提前准备好护照、签证以及相关的行李物品。

旅游资讯 地图导览

科纳帕里海滩

护照和签证

1. 护照

　　去夏威夷，如果你没有护照或你的护照
有效期不满6个月，则需要去办理或更换护
照。居民如果在北京、天津、石家庄、太
原、呼和浩特、沈阳、大连、长春、哈尔
滨、上海、南京、杭州、宁波、合肥、福
州、厦门、南昌、济南、青岛、郑州、武汉、长沙、广州、深圳、南
宁、海口、重庆、成都、贵阳、昆明、西安、无锡、常州、苏州、温
州、嘉兴、舟山、泉州、株洲、湘潭、珠海、东莞、佛山这些城市中
的某一个生活或居住，即使是外地人也可以持个人相关资料到当地的
公安局出入境管理处申请办理。非以上城市工作或当地居住的居民，
则需要到户口所在地的公安局办理。一般需14～21个工作日，部分试
点城市则只需7～10个工作日，基本费用为人民币200元。

　　申请护照程序

　　1.填写《中国公民因私出境申请表》

　　此表可以到各派出所、公安局出入境管理处网点领取，也可以到
网上下载。

　　2.提交申请

　　提交申请时要携带下列的材料

　　①本人户口簿、居民身份证原件与户口簿首页、本人资料页、变
更页及居民身份证的复印件；

　　②填写完整的申请表原件；

　　③符合要求的彩色照片一张。

2. 签证

　　夏威夷是美国的一个州，因而需要办理的签证是美国签证。美国
的旅游签证也称为B-2签证，在美国最长可停留6个月，到期可向美
国移民局申请延期，最多可延两次，每次6个月。想要办理签证的人，
可以持个人相关资料前往美国驻中国大使馆或总领事馆办理。目前，
美国旅游签证申请费是140美元，中国居民必须在指定的中信银行交
纳申请费。

旅游资讯　地图导览

材料	备注
护照	有效期6个月以上的护照，并在护照最后一页签上中文姓名，护照至少2张连续页码空白页（该页与该页反面），持换发护照者，需同时提供所有旧护照原件。
申请表	在线填写，然后再打印
照片	白底彩色近照2张，照片尺寸规格为50×50mm，还有电子版240K以下相片1张
财产证明	存折、工资单、房产证明、股票等
在职证明	原件
准假证明（派遣函）	原件
名片	原件
户口本、身份证	复印件和原件
其他补充材料	结婚证、家庭合影等

夏威夷邮轮上

实用信息

1. 货币

夏威夷的通用货币是美元，单位是美元和美分，有纸币和硬币两种。夏威夷的洗衣店、电话亭及停车场等地方经常使用25美分的硬币，因此去夏威夷旅行常备一些25美分的硬币（quarter）会比较方便。在夏威夷，银行比比皆是，比较常见的银行有美国储蓄银行（www.asbhawaii.com）、夏威夷银行（www.boh.com）、太平洋中央银行（www.cpbi.com）、夏威夷第一银行（www.fhb.com）这几个主要银行，里面可以兑换外币及旅行支票。另外，夏威夷的众多商家和ATM都可以使用中国的银联卡消费和支取现金。

2. 机票预订

夏威夷是美国大陆和亚洲、澳大利亚、新西兰以及南太平洋之间飞机航班的主要中转站，火奴鲁鲁国际机场是夏威夷州最重要的航空枢纽。以往，从中国前往夏威夷一般都要途径韩国、日本等地中转。从2014年元旦开始，中国国际航空公司已正式开通北京至夏威夷的直飞航线，大大方便了国人到夏威夷旅游（要了解更详细的信息可登陆国航官方网站www.airchina.com查询）。到夏威夷的机票在旅游旺季价格较高，因此建议提前两三个月预订。

3. 酒店预订

前往夏威夷，提前预订酒店非常有必要。游客可以提前一个月左右在携程（www.ctrip.com）和艺龙（www.elong.com）等网站上查询夏威夷各地区的相关酒店信息和价格，然后在网上提前预订。

旅游资讯 地图导览

4. 小费

夏威夷有付小费的习惯，一般来说住宿时每个床位需付1美元小费给客房服务员，召唤出租车需给门童1美元小费；停车服务生每次需给2～5美元，送餐服务人员需付账单总额的10%至15%，在餐馆就餐一般需支付账单总额的15%，出租车司机车的小费为车资的15%。如果你觉得服务特别好也可多支付一点。不过，支付小费前最好先看一下账单，有的餐厅可能已把小费加到账单里，那样你就没有必须当冤大头了。

5. 时差

由于地处太平洋国际日期变更线以东，夏威夷时间要比北京时间晚18个小时。

6. 电源

夏威夷的电压是110V/120V，频率60 Hz。插座一般分两孔或三孔扁平式，为了使用方便建议带上变换插头和电压转换器。

7. 电话

夏威夷的付费电话在购物中心和公共场所很容易找到，你可以在岛上的便利店、超市、药店等地点购买预付电话卡。夏威夷拨打本岛屿的电话按本地呼叫收费，费用一般为25～50美分，夏威夷其他岛之间拨打电话视为长途，要加区号808。

夏威夷打电话回中国，拨打011+886+区域号+当地电话号码，需要国际呼叫人工服务，加拨0。在中国打电话到夏威夷，需拨001+808+电话号码。

8. 网络

夏威夷的大多数酒店、旅馆、餐馆都会提供WIFI服务，其大部分城镇也都有网吧可以上网，大部分咖啡馆和酒吧中都有无线网络提供。

9. 紧急电话与求助电话

救护车/警署/消防局：911

时间查询：983-3211

公共汽车服务：848-5555

出入境须知

1. 入境

（1）入境规定

进入夏威夷州必须持有有效期为六个月以上的护照。

（2）签证信息

中国内地公民无论持何种护照，赴夏威夷州均需在美国驻中国大使馆或领事馆提前办妥签证。详细资料可登录美国驻中国大使馆非移民签证处的官方网站查询，网址为：http://chinese.usembassy-china.org.cn。

（3）海关检查

航班抵达火奴鲁鲁国际机场后，夏威夷当地的美国海关和边防工作人员会查看你的旅行证件，并要求照相和按手纹，以便核查旅客的身份。同时还会当场提问一些简单问题，如："来美国的目的？待几天？住在哪里？"等。另外，还会检查你是否携带了禁止与限制入境物品。万一入关受阻，一定要向中国驻洛杉矶总领馆打电话，寻求帮助。

2. 出境

从夏威夷离境，一定要对随身携带的行李进行筛选，未经检验的水果和植物不能携带出境，要携带的话需购买贴有已检验的水果和植物贴标才可以。

旅游资讯 地图导览

出境

出租车

🚆 交通

夏威夷出行便捷，方式多样，尤其是在檀香山等游客较多的海滨城镇。在夏威夷各岛之间旅行，只能依靠飞机和轮船。夏威夷各大岛都有不同类型的机场，瓦胡岛上的火奴鲁鲁国际机场是太平洋最重要的现代化航空枢纽。夏威夷各岛之间有定期的航班和包机，航空服务遍及各岛。

1. 公共汽车

公共交通工具往返穿梭于市区和主要景点之间。在檀香山，除一般的公共汽车外，游客还可以乘坐怀基基海滩的仿古敞篷电车，这种车设计很人性化，来往于海滨和市区的主要景点之间，售票亭或车上还可以拿到当地地图和周边景点介绍，乘客可以在一定的时间内随意上上下下，一张票可以跑多个景点。坐在车上，可以看景，也可以近距离接触到各色人等，对初来乍到的游客既方便又实惠。

2. 出租车

大街上随处可见的出租车当然是更为便捷的交通工具，出租车司机有时还会主动充当解说员，服务非常礼貌周到，虽然价格虽然比国内贵，但对时间有限的游客来说，乘出租车可以看更多的景点，也是价有所值。如果你腰包够鼓，也可以提前租用由专职司机驾驶的梦幻礼车，而且还可以指定你需要讲何种语言的司机。礼车外观修长大方漂亮，里面豪华舒适实用，既气派又典雅，在大街上招摇过市，十分吸引眼球。许多到夏威夷结婚或度蜜月的情侣往往会以这种方式"款待"一下自己和亲友，在浪漫之岛出一次不一样的风头。

3. 自驾租车

如果你有美国或国际驾照，租车自驾当然是最自由的出行方式。相对于目前国内的租车状况，在夏威夷租车手续简便，价格合理，

檀香山市容

钻石山入口处

旅游资讯 地图导览

租车公司网点遍布，加油和还车（包括异地还车）都十分方便。夏威夷各岛几乎都有环岛公路，主要城镇和景点间都有公路连接，路面可能不如国内宽阔，但交通秩序良好，服务设施齐全，自驾十分普遍。夏威夷交通规则与国内基本一样，不同的是大家都照章行车，几乎看不到不文明的驾车陋习。如果你不想给自己找麻烦，就应当严格遵守当地的交通法规和行车礼仪。

檀香山市

4. 漂浮在海上的豪华酒店——邮轮

常年活跃在夏威夷海域的大型邮轮，是往返于夏威夷各岛的最佳选择。大型邮轮如同海上漂浮的豪华饭店，既是游客往返各岛的交通工具，又是集吃、住、玩、乐于一体的综合性旅游服务平台。夏威夷邮轮业十分发达，近十家邮轮公司，包括公主号、嘉年华、挪威NCL、皇家加勒比、迪士尼、荷兰美国等大型邮轮公司在夏威夷都有分公司，它们的航线涵盖夏威夷各岛之间，有些邮轮也在夏威夷和美国本土、加拿大西海岸、墨西哥等国家和地区之间往返。

夏威夷邮轮上

夏威夷岛际邮轮航期从一二周到更长时间不等，多数从瓦胡岛檀香山西边的码头出发，往返于毛伊岛、考爱岛和夏威夷岛之间。

船上一般有规格不等的客舱上千间，可同时接待数千名客人。船上的客房虽小巧玲珑、但也整洁舒适、设

夏威夷邮轮夜景

备齐全。船上配置有多个不同风味的餐厅，全天对客人开放，令人垂涎的"船长晚宴"更是汇集了世界各地的风味美食。除含有酒精的饮料之外，船上的餐饮全部免费。船上还有图书馆、阅览室、商店、会议室、歌舞厅、大剧院、游泳池、健身房、小型网球场和高尔夫练习场等设施，一般客人需要的服务应有尽有。大型邮轮上一般有乘务人员千名以上，有些还聘有来自中国的服务员，他们一天24小时为客人提供无微不至的关照和照料。按照一般规律，邮轮一般夜间在海上航行，破晓时分抵达目的地港口。船靠岸后，乘客可选择留在船上休闲娱乐，也可上岸参观游览，傍晚开船前返回码头，登船继续航程。

在夏威夷乘邮轮旅行，每天换一个地方，既新鲜又刺激。双人间中等舱位价格（含船资、船上吃住娱乐等）折合人民币约1.5万至3万之间，性价比很高。不过，由于邮轮受到许多人特别是老年人的青睐，夏威夷邮轮一般需提前数月甚至半年预订，否则很难保证订到客舱。有意到夏威夷乘邮轮旅游者务必提前做好准备。

夏威夷岛海边的酒店

 住宿

旅游资讯 地图导览

　　旅游业是夏威夷的生命线，为游客提供干净、舒适、方便的食宿条件是发展旅游经济的先决条件。半个多世纪以来，夏威夷各岛已建起档次齐全的宾馆饭店数百家，客房总数达到十万余间，从一般的度假村、观光饭店到豪华和超豪华的酒店应有尽有，可以满足不同游客的需要。与美国本土相比，酒店费用较高，但多数酒店集中在热闹的市区或旅游景点附近，设施齐全、环境优雅，对游人十分方便。

　　饭店宾馆之外，游客住宿还有很多其他选择，如租用当地的公寓式旅馆、单元公寓，或当地居民提供的家庭式出租屋。这种出租屋类似国内的私家住宅，一般有一至两个卧室、起居室、厨房、公共洗衣房、停车场一应俱全，费用比饭店便宜，对打算在夏威夷长时间居住的人来说既划算，又方便，十分受欢迎。

　　此外，夏威夷还有只给客人提供床位和早餐的简易家庭旅店，年轻人也可以选择基督教青年会招待所。这些地方经济实惠，条件和设备可能差一点，但同样安全、可靠、卫生、整洁，具有很高的性价比。

1. 度假村

　　度假村的等级有经济型、舒适型、豪华型、超豪华型等种类，内部通常都配有各项休闲设施、会议设备、餐厅、酒吧等设施，环境优雅，根据等级的不同，价钱从50~2500美元不等。

2. 公寓式旅馆

公寓式旅馆通常指的是整栋公寓长期分租给旅客，包括起居室、厨房、投币洗衣室、停车场等，一般可以住2～8人，房费通常以月或周计算，住得愈久实惠越多，其费用比饭店便宜。

3. 家庭式别墅

家庭式别墅是夏威夷当地居民提供的住宿场所，有庭院、停车场，费用平均一晚为45～65美元，一个月1000美元到2000美元不等，但会有最短天数的限制，适合家庭旅游或较长期居住的人员租用。

4. 青年招待所

夏威夷廉价青年旅舍非常少，只有檀香山有一家正规的，因此这里总是客满为患。另外，怀基基还有两家非正规的青年招待所。在基督教青年会也有不少青年招待所，主要分布在瓦胡岛、毛伊岛、考爱岛上，那里接待旅客对性别有要求，有的只接待男宾，有的只接待女宾。青年招待所中带有淋浴设备的标准间，价格在20美元左右。

5. 提供床位和早餐的旅馆

提供床位和早餐的旅馆又称"B&B旅馆"，大多是私人经营的，各有特点。很多旅游小册子或是刊物上都有它们的名录，但不要不

拉海纳郊外民宿

预订就直接出现在B＆B门前，这样是不受欢迎的。在旅店中住宿一晚的价格通常是55～85美元，需要提前1到 3 个月通过旅行社预订房间，且一般需要逗留3天，在这里客人可以体验到当地的夏威夷家庭的生活。

6. 单元公寓

夏威夷的单元公寓由私人经营，里面没有女服务员，也没有常见的宾馆设施，住在里面有一种住进了一家自助宾馆的感觉。这种公寓大都建在旅游名胜附近，如毛伊岛的卡阿纳帕利，夏威夷岛的怀基基等，其内部的日常用品由单元公寓提供，但用品的种类及服务质量就要取决于经营者了，因此在订房之前，一定要留意询问。单元公寓预订时要交定金，违约金的规定也比较严格，而且淡季通常都有最低租用期限的规定。

7. 精致旅馆

精致旅馆一般小巧玲珑，主要分布在瓦胡岛怀基基海滩上，环境很舒适。旅馆内的设施虽然没有大宾馆那么齐全，但客人住在这里会感到什么也不缺，且价位与其他豪华宾馆的同等客房相比也十分合理。

怀基基海滩

旅游资讯　地图导览

饮食

1. 简便实惠的餐饮

　　夏威夷的餐饮服务对象主要是外来的游客，一般以简便实惠的美式餐饮为主，快餐店遍地开花，如要求不高，可以方便的就近解决吃饭这个民生问题。如果要品尝正统的西餐，可以去商业大街或各大酒店的正规餐厅，那里门面考究、环境优雅、厨艺精湛、美食应有尽有，当然价格也不菲。针对夏威夷外来游客多的特点，有不少带有异国情调的餐厅也陆续开张，在檀香山等主要城市，基本上可以吃遍全世界，除美式欧式西餐外，日、韩、泰或马来风味的美食都可以找到。中餐当然也是门庭若市，但与国内相比，口味似乎还有些差距。

2. 独特的"卢奥"宴会

　　提到夏威夷美食，特别值得介绍的是夏威夷独特的"卢奥"宴会。"卢奥"是一种大型的夏威夷式歌舞宴会。它源于传统的波利尼西亚节日仪式，一年中任何时候都可以举行。夏威夷各岛有不同风格的卢奥盛会，在瓦胡岛上波利尼西亚文化中心和天堂湾、大岛的皇家科纳度假村、毛伊岛和考爱岛等地，"卢奥"都是不可错过的美食大餐。

　　"卢奥"宴会上有一些只属于波利尼西亚的美味佳肴，其中主菜总会有烤全猪。全猪的烤制要经过多道独特的工序，清理干净的全猪先

"卢奥"歌舞晚会

要涂抹上各种香料，用香蕉等树叶包好，埋进岩石砌成的土洞里发酵催熟，最后用当地特有的果木将石块烧热，将全猪再放在烧热的石块上熏烤五六个小时，直到皮熟肉烂为止。与烤猪一起食用的菜肴一般是香蕉、菠萝、甜薯、芋头等热带瓜果，有时会配以鸡肉、牛肉和烤鱼。中国人常说无酒不成宴。在夏威夷，没有热情的音乐和歌舞也不能成席。不同地区的"卢奥"可能有不同的节目和特色，但不管什么地方，大名鼎鼎的草裙舞肯定是"卢奥"宴会上必不可少的节目。"卢奥"宴会现已成为夏威夷旅游模式的重要一环，不过来往的游客已经很少有人会在意它原有的宗教色彩。笔者虽然对烤全猪的味道不是十分恭维，但是它风味独特，别有滋味，确实也值得品尝。

3. 浓郁的科纳咖啡

美食之外，咖啡是夏威夷最受欢迎的饮品。香气浓郁的科纳咖啡尤其受到游人的青睐。这种咖啡盛产于夏威夷岛西南部狭长的科纳海岸一带。因这个地区昼夜温差小，气候温和，日照适宜，加之这一带火山土壤肥沃，富含各种矿物质，特别适合种植咖啡。最早的咖啡树是从巴西引进的，经过科纳特殊环境雨露的滋润，科纳咖啡豆质量有所提升，制成的咖啡口感独特、香气扑鼻，具有浓郁的地域特色，在国际咖啡市场上久负盛名。前来夏威夷岛观光的游客无不喜欢到科纳的咖啡一条街上转转。夹在熙熙攘攘的人流中，嗅着空气中弥漫的咖啡香气，坐下来品尝一杯可以亲自调制的科纳咖啡，或到专卖店买上几筒原产地的科纳咖啡自用或送人，是一种难得的机会。

科纳街边小店

🛒 购物

1. 阿拉莫纳购物中心

夏威夷旅游城市商业发达。以州府火奴鲁鲁(檀香山)为例，它融合了东西方传统商业文化，滨海大道上有数不清的购物网点，平价超市、连锁商店、专卖店遍布大街小巷，购物十分方便。每个大酒店都有特设的购物中心，市区大街上更是商场林立。在著名的阿拉莫纳购物中心，游客几乎可以买到在美国其他地方能够买到的任何东西，包括世界名牌和高端消费品，与国内相比，价格和服务都颇具竞争力。

2. 阿罗哈体育场露天市场

正规商店之外，夏威夷还有一种可以讨价还价的露天集市，如阿罗哈体育场的"跳蚤市场"，几百家个体商贩云集，摊位上摆满了五花八门的商品，从食品、书籍、衣物、工艺品、小家电到古董，新品旧货，应有尽有，有时花

拉海纳街边小店

很少的钱就可以淘到不错的宝贝，喜欢讨价还价碰碰运气的大有人在。对不少摊贩来说，赚钱并不是主要目的，他们一边卖东西，一边与同行或游客攀谈，似乎更享受与人聊天和讨价还价的乐趣。

游客总喜欢买一些带有夏威夷特色的纪念品。当地手工艺人制作的精美瓷器、手吹玻璃器皿、古朴的木雕、鲜艳简朴的夏威夷印花服饰、浓香扑鼻的咖啡、余香缠绵的夏威夷火山豆，或者带着大海气息的贝壳和珊瑚制品都是不错的选择。当游客恋恋不舍地离开夏威夷时，带走的不仅仅是夏威夷的特色商品，更是对浪漫之岛的美好回忆。

3. 维多利亚·沃德购物中心

维多利亚·沃德购物中心与阿拉莫纳购物中心仅一街之隔，是一个由多个购物中心构成的大型购物村，商品包罗万象，是当地人常去

檀香山夜景

的购物之地。购物中心内汇集了众多家夏威夷特产店、时尚小铺、首饰店、设计师精品店、餐厅等，还有大型的电影院，不仅是人们购物的理想之地，还是人们娱乐休闲的好地方。

4. 瓦柯雷名牌折扣广场

瓦柯雷名牌折扣广场是夏威夷最受欢迎的购物地之一，距离怀基基海滩非常近。这个名牌折扣广场拥有众多知名设计师品牌及名品店，在这里可以看到Calvin Klein、Guess、Polo Ralph Lauren等品牌商品店。

5. 希洛海蒂购物中心

希洛海蒂购物中心是一个以经营普通纪念品为主的一站式便利店。店门口挂着"一经售出，概不退换"的指示牌，店内的商品主要有夏威夷坚果、夏威夷衬衫、饮料等，但价格都比较贵。

6. 国王村购物中心

国王村购物中心位于威寇洛亚休闲中心附近，是一个大型购物场所。这里有时装店、便利商店、餐厅等店铺，不过多数是夏威夷当地品牌商店。另外，在这里还可以吃到地道的日本料理。

娱乐

1. 多样化的运动设施

美国人是天生的体育爱好者，夏威夷各岛建有许多体育设施，供居民和游客使用。其中，棒球场、篮球场、美式橄榄球场不计其数，仅网球场就有280余个。对高尔夫爱好者来说，整个夏威夷就像一个绝大的高尔夫球场，有顶级球场80余座，许多美国的高尔夫球名将都曾前往夏威夷挥杆。

2. 勇敢者的游戏——冲浪运动

在夏威夷，最让游客心跳的运动恐怕还是冲浪。冲浪运动在夏威夷至少已有600年的历史。也许是自然环境使然，夏威夷周边较少有热带风暴，近海海面上波涛起伏，一浪高过一浪，有些甚至高达数米。一般来说，一米左右的海浪就是理想的冲浪高度，夏威夷周围的天然冲浪海滩多达1600处。旅游业的发展推动了夏威夷冲浪运动的发展，全世界的冲浪爱好者蜂拥而至，冲浪学校受到热烈追捧。冲浪运动给夏威夷旅游增添了激情和活力，把夏威夷变成了冲浪爱好者心目中的天堂，更是冲浪高手们得天独厚的秀场。

冲浪运动是勇敢者的游戏。过去，冲浪者使用的是约三米长的木制冲浪板，随着科技进步，今天的冲浪板已经采用了航天时代的合金

冲浪

旅游资讯 地图导览

科纳帕里海滩

材料，既轻巧又结实美观，利于驾驭各种风浪，让冲浪者获得更大的腾挪转折余地。勇敢的弄潮儿身穿五颜六色的紧身衣裤，双脚踏在色彩鲜艳的冲浪滑板上，身体前倾保持平衡，在令人眩晕的海浪尖上忽上忽下腾挪翻飞。每当海浪涌来，由于惯性和重力的作用，海浪顶部会形成一条翻滚的卷轴，如同一道不断延伸的波光隧道，轰鸣着冲向岸边。这正是冲浪高手所期盼的时刻，技术娴熟的冲浪健儿会毫不畏惧地钻进这条隧道，驾驭着脚下翻滚的浪花，追赶着飞旋的海浪，借助海水升腾的力量，在波涛中飞驰前进，动作舒展优雅，情景惊险刺激，场面壮观异常。冲浪也是普通人热衷参与的运动。不管在哪个冲浪点，你都会看到许多初学者在练习冲浪戏水，他们以青少年居多，但年长者和儿童也屡见不鲜。这些弄潮儿在碧波荡漾的海面上随波逐流，他们的身影和色彩鲜艳的滑板构成了一道亮丽的海上风景线。海浪中，他们匍匐在滑板上，挥动双臂，奋力游向浪花深处；等浪峰一来，便跳上滑板，摇摇晃晃地向岸边冲去。他们经常被大浪打翻，重重地摔进水中；浪头一过，他们又会爬上滑板，继续前进或重新等待下一个大浪的到来。这些初学者不气馁的拼搏精神，令人钦佩。

不可错过的旅游体验

1. 在夏威夷火山国家公园观看震撼心灵的火山

每个到夏威夷游玩的游客，几乎都不会错过位于夏威夷岛上的夏威夷火山国家公园。这里被詹姆斯·库克船长发现后，便逐渐为世人所知。公园内有冒纳罗亚火山和基拉韦厄火山两座活火山，还有壮观的火山熔岩洞，地貌非常复杂，令人叹为观止。来到这里，你不仅可以欣赏到基拉韦厄火山炽热的熔岩流入大海的景象，还可以亲眼目睹奇幻烟雾和喷涌岩浆的奇观，以及园内独特的植物和鸟类。

2. 在波利尼西亚文化中心欣赏美妙的草裙舞

波利尼西亚文化中心位于瓦胡岛上，是一座规模比较大的民族文化博物馆。文化中心内有来自夏威夷、斐济、汤加、萨摩亚、塔希提、马克萨斯群岛以及新西兰毛利等岛屿上的波利尼西亚人分别组成的7座村庄，完好地保存着波利尼西亚人的历史和文化传统。在这里游人可以穿上草裙学跳抒情缠绵的草裙舞，还可以通过村民的日常生活体验夏威夷的文化传统与风土人情。

3. 深入伊奥拉尼王宫感受皇宫气息

伊奥拉尼王宫位于瓦胡岛上，是一座夏威夷文艺复兴时期风格的建筑。皇宫内装潢奢华，有宝座厅、接待厅、宴会厅、皇室成员私人居所、卡拉尼女王卧室分布其中，还保存着宝剑、珍贵珠宝、金皇冠等夏威夷王族古老器物，艺术展厅藏于地下。来到这里，你可以通过皇宫的内部景象，深切地感受夏威夷王朝时代的独特气息。

伊奥拉尼王宫

基拉韦厄（火山口）

4. 在珍珠港聆听历史的声音

珍珠港位于瓦胡岛上，与檀香山毗邻，呈鸟足状延伸向陆地。珍珠港因"珍珠港事件"而受世人关注。港内有乳白色呈八角形的水塔、"包芬"号潜艇博物馆、密苏里号纪念馆、太平洋航空纪念馆和凯艾瓦海奥州立娱乐区、美国"亚利桑那"号国家纪念馆分布两岸，是在夏威夷游玩不可错过的景点之一。

5. 潜入恐龙湾与海洋生物对话

恐龙湾又名"哈诺马湾"，位于瓦胡岛东海岸，是一座海底死火山，火山口因受海浪长时间拍打而倒塌，形似马蹄，因而也称"马蹄湾"。恐龙湾远远望去，就像一只盘踞在海水中的恐龙，附近的海域从湖蓝到碧绿，非常美丽、壮观。恐龙湾内水浅、浪小、鱼多，清澈的海水中还有各种天然的珊瑚礁石和热带鱼类，是潜水爱好者的潜水胜地。

6. 躺在怀基基海滩上晒日光浴

怀基基海滩（Waikiki Beach）位于瓦胡岛火奴鲁鲁（檀香山）地区，是夏威夷最具动感活力的激情沙滩。海滩东起钻石山下的卡皮奥拉尼公园，西至阿拉威游艇码头，长约2公里，有细致洁白的沙滩、林立的高楼大厦和摇曳多姿的椰子树，海水宁静开阔，不失为一个享受日光浴、游泳的好地方。

7. 在气势雄浑的怀梅阿大峡谷探险

怀梅阿大峡谷位于考爱岛西部，峡谷从北向南绵延二十几公里，谷峰到谷底落差公里，是大自然鬼斧神工留的旷世杰作。峡谷内浮云

念馆前　　　　　夏威夷热带礁潜水　　　　　怀基基海滩女郎

穿行于奇峰之间，悬崖壁立千仞，峭壁怪石嶙峋，植被苍翠青葱，呈现出红、绿、蓝、灰、紫等壮美的颜色，俨如一幅气势恢宏、绚丽壮美的泼墨水彩画，给人一股强烈的视觉冲击力。

8. 乘船游览怀卢阿河两岸绮丽的风光

怀卢阿河欢快地流淌在考爱岛上，是夏威夷群岛为数不多的可以通航的河道之一。它如同一条闪烁着美丽光泽的丝带，将考爱岛众多景点名胜揽入怀中。乘船沿河顺流而下，仙气袅袅的飞瀑、苍茫青翠的丛林、雄伟壮观的山峰、奇妙迷人的洞穴和历史悠久的神庙不停地在眼前闪过，让每一个亲临它的人大饱眼福。

9. 在纳帕利海岸进行独特的旅游体验

纳帕利海岸位于考爱岛西北部，在国际上赫赫有名，其海岸线从海上突兀而起，周围山峦起伏，悬崖耸立，还有层叠的瀑布和海蚀岩洞。在这里你不仅可以欣赏到山海相接的奇美风光，也可以在险峻的山谷中悠闲漫步，还可以在海滩上露营体验滨海风情。

10. 登上基拉韦厄灯塔眺望无边美景

基拉韦厄灯塔位于考爱岛上，修建历史悠久，虽里面的大灯已经熄灭，但依然是夏威夷旅游最不可错过的地方之一。基拉韦厄灯塔高15米，下半部分为白色圆形，上半部分有透明玻璃和围栏，顶部则是一个大红色的圆盖。来到这里，你可以观看海豹和海鸟，登临塔顶一览周围的风光。冬天旅游，还可以观看到迁徙途中经过岸边近海的座头鲸。

基拉韦厄灯塔

考爱岛的岸边

◉ 经典路线游

1. 精华游推荐

第一站　考爱岛（怀卢阿河→羊齿洞穴→NOUNOU山（"沉睡巨人"））

　　第一天到达夏威夷后，你可以先选择游玩考爱岛。在考爱岛东部，你可以在怀卢阿河划浮架独木舟或乘坐游船在平静的河流上欣赏沿岸美妙景观。首先可以前往羊齿洞穴，体验这个充满浪漫的地方；接着你可以在船上观赏NOUNOU山（"沉睡巨人"），随后你可以乘船去怀卢阿河南端观看怀卢阿瀑布。晚上，你可以去考爱岛的中心城市——利胡埃品尝美食和住宿。

第二站　毛伊岛(哈纳公路→哈纳小镇)

　　第二天，一大早可以乘坐飞机来到毛伊岛。上午，驾车驶上哈纳公路，花半天时间一路走走停停，欣赏公路边的滨海风光。中午，到达哈纳小镇吃饭，之后便可以在美丽的沙滩上漫步，体验哈纳特有的民俗风情。

第三站 毛伊岛(哈莱阿卡拉国家公园)

第三天早上，驱车前往有"世界上最大的休眠火山"之称的哈莱阿卡拉国家公园游玩。花一天时间，或徒步、或骑马，欣赏山间的美景，寻访山区的瀑布和溪流。

第四站 夏威夷岛(希洛→普纳卢黑沙滩→绿沙滩)

第四天，乘飞机来到夏威夷岛。首先可以到岛上最大的小镇——希洛，游玩卡美哈美哈大道、皇宫戏院等景点；之后，沿着11号公路南下，来到普纳卢黑沙滩看海龟；最后，前往绿沙滩，享受阳光浴。

第五站 夏威夷(夏威夷火山国家公园)

最后一天，来到夏威夷火山国家公园。先在基拉韦厄游客服务中心观看关于火山的各种图片、展览、电影、电子演示。然后，开始沿着200余公里的步行小道攀登火山，欣赏山中的美丽景色。

旅游资讯 地图导览

夏威夷岛绿海滩

2. 深度游推荐

第一站　瓦胡岛(毕夏普博物馆→伊奥拉尼王宫→唐人街)

第一天，先来到瓦胡岛游玩。上午到达檀香山市区后，先游玩夏威夷群岛上最大的博物馆——毕夏普博物馆；下午，前往伊奥拉尼王宫，观看皇宫美丽的建筑和内部珍贵的藏品；晚上，可以前往唐人街，品尝中国美食，感受街道上特有的中国气息。

第二站　瓦胡岛(恐龙湾→钻石山→怀基基海滩)

第二天，早上前往恐龙湾，下水浮潜，欣赏美丽的珊瑚礁石和热带鱼类；接着，前往钻石山，步行登山山顶，欣赏瓦胡岛的美丽景色；最后，前往怀基基海滩，在海水中嬉戏、划船、冲浪，夕阳西下后欣赏落日的壮观景象。

第三站　毛伊岛（哈纳公路→哈纳小镇→哈莱阿卡拉国家公园）

第三天，乘飞机前往毛伊岛。上午，沿着哈纳公路驾车欣赏美景；之后，来到哈纳小镇，在小镇海边潜水、浮潜；最后，驱车45分钟去往哈莱阿卡拉国家公园，欣赏火山上的美丽风景。

第四站　毛伊岛 (亚奥山谷州立公园→卡阿纳帕利沙滩)

第四天，上午驱车前往亚奥山谷州立公园，欣赏山水美景；下午，前往卡阿纳帕利沙滩，静静地享受阳光浴。

第五站　考爱岛(怀卢阿河→怀卢阿瀑布→利胡埃)

第五天，一大早乘飞机来到考爱岛。首先，划皮艇顺着怀卢阿河漂流，欣赏美丽的怀卢阿河和苍翠的丛林风景；下午，来到利胡埃体验山间管道滑水、高空滑索的乐趣。

第六站　夏威夷岛(夏威夷火山国家公园)

第六天，乘飞机来到夏威夷岛。前往夏威夷火山国家公园游玩，欣赏基拉韦厄火山炽热的熔岩流入大海的惊心动魄的景象，以及徒步穿过瑟斯顿熔岩通道。

第七站　夏威夷岛(夏威夷热带植物园→凯卢阿科纳)

最后一天，早上起来驱车前往夏威夷热带植物园。上午，花半天时间观看园中不同种类的热带植物和火烈鸟；下午，驱车前往凯卢阿科纳，在附近的沙滩上享受阳光浴，之后，在沙滩周围闲逛、购物。

恐龙湾

瓦胡岛旅游热点

檀香山市区

卡米哈米哈国王雕像、唐人街、孙中山的"兴中会"、伊奥拉尼王宫、珍珠港和"亚利桑那"号国家纪念馆

怀基基区域

怀基基海滩、怀基基水族馆、钻石山

瓦胡岛环岛区域

波利尼西亚文化中心、库阿洛阿牧场、中国帽子岛、大风口、马卡普滩之角、海浪喷泉口、恐龙湾、钻石山灯塔瞭望台和卡哈拉豪宅区、巴伯斯角、天堂湾民俗村、西北岸冲浪胜地、森塞特比奇日落海滩

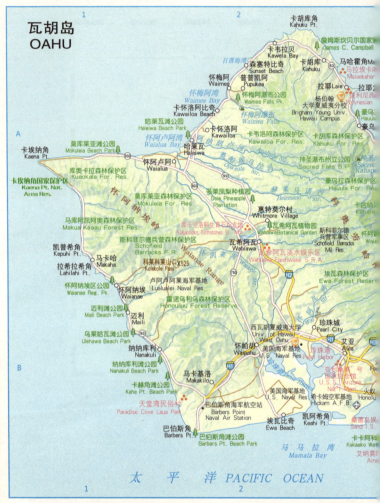

瓦胡岛
OAHU

卡胡库角
Kahuku Pt.

卡韦拉贝
Kawela Bay

坎姆斯坎贝尔国家
James C. Campbell

日落海湾
森塞特比奇
Sunset Beach

卡胡库
Kahuku

马哈霍卡
Malaekahar

怀梅阿
Waimea

普普凯阿
Pupukea

拉耶Laie

拉耶
Polynesian

怀梅阿湾
Waimea Bay

怀梅阿瀑布公园
Waimea Falls Pk.

卡怀洛阿比奇
Kawailoa Beach

大学夏威夷分校
Brigham Young Univ.
Hawaii Campus

哈莱瓦海滩公园
Haleiwa Beach Park

怀梅阿瀑布
Waimea Falls

怀阿卢阿湾
Waialua Bay

卡怀洛阿
Kawailoa

卡胡洛阿森林保护区
Kawailoa For. Res.

卡胡库森林保护区
Kahuku For. Res.

卡埃纳角
Kaena Pt

莫库莱亚滩公园
Mokuleia Beach Park

哈莱瓦
Haleiwa

怀阿卢阿
Waialua

神圣瀑布州立公园
Sacred Falls S.P.

豪乌拉
Hauula

卡埃纳角国家保护区
Kaena Pt. Nat.
Area Res.

库奥卡拉森林保护区
Kuaokala For. Res.

多莱凤梨种植园
Dole Pineapple
Plantation

惠特莫尔村
Whitmore Village

豪乌拉森林保护区
Hauula For. Res.

卡路伊
Kaluanui

莫库莱亚森林保护区
Mokuleia For. Res.

马库阿凯阿奥森林保护区
Makua Keaau Forest Res.

库卡尼洛科生育石州立公园
Kukaniloko Birthstones St.

瓦希阿瓦植物园
Wahiawa Botanical Garden

斯科菲尔德兵营军事区
Schofield Barracks
Mil Res.

凯普希角
Kepuhi Pt.

马卡哈
Makaha

斯科菲尔德兵营森林保护区
Schofield
Barracks F.R.

瓦希阿瓦
Wahiawa

瓦希阿瓦淡水娱乐区
Wahiawa Freshwater S.R.A

埃瓦森林保护区
Ewa Forest Reser

拉希拉希角
Lahilahi Pt.

科莱科莱山口525
Kolekole Pass

怀阿纳埃区公园
Waianae Reg. Pk.

怀阿纳埃
Waianae

卢阿卢阿莱海军基地
Lualualei Naval Res.

怀帕胡
Waipahu

西瓦胡夏威夷大学
Univ. of Hawaii
West Oahu

珍珠城
Pearl City

艾亚
Aiea

迈利海滩公园
Maili Beach Park

迈利
Maili

霍诺乌利乌森林保护区
Honouliuu Forest Reserve

美国海军保护区
U.S. Naval Res.

珍珠港
Pearl Harbor

亚利桑那号
国家纪念地
U.S.S. Arizona
Nat'l. Mem.

乌莱哈瓦滩公园
Ulehawa Beach Park

纳纳库利
Nanakuli

火奴

纳纳库利滩公园
Nanakuli Beach Park

马卡基洛
Makakilo

美国海军基地
U.S. Naval Res.

希卡姆空军基地
Hickam A.F.B

Honolu

卡赫角滩公园
Kahe Pt. Beach Park

凯阿希角
Keahi Pt.

桑德岛娱
Sand I. S.

天堂湾民俗村
Paradise Cove Luau Park

巴伯斯角海军航空站
Barbers Point
Naval Air Station

埃瓦比奇
Ewa Beach

卡卡阿科
Kakaako Wat

巴伯斯角
Barbers Pt.

巴伯斯角滩公园
Barbers Pt. Beach Park

马马拉湾
Mamala Bay

艾纳莫
 Aine

太 平 洋 PACIFIC OCEAN

旅游资讯 地图导览

瓦胡岛上的瀑布

4

太 平 洋
PACIFIC OCEAN

A

Park
Park

牧场
公园

中国帽子岛
Chinaman's Hat

莫卡普角
Mokapu Pt.

埃阿州立公园
eeia S.P.

凯奥赫
eohe

凯卢阿湾
Kailua Bay

凯卢阿
Kailua

乌卢波海奥州立纪念地
Ulu Pa Heiau St. Mon.

银色
okou

内肖斯菲尔德滩海公园
Bellows Field Beach Park

B

科纳胡阿努伊山
Konahuanui

瓦马纳洛
Waimanalo

怀马纳洛湾
Waimanalo Bay

努阿努帕里森林保护区
shed Forest Reserve

檀香山
威夷大学马诺阿分校
of Hawaii at Manoa

钻石山
Diamond Head

怀马纳洛湾州立乐区
Waimanalo Bay S.R.A.

马卡普滩公园
Makapu Beach Park

海洋生物公园
Sea Life Park

海浪喷泉口
Halona Blow Hole

科科角区公园
Koko Head
Regional Pk.

库洛乌奥海滩公园
Kuliouou Beach Park

卡韦霍阿角
Kawaihoa Pt.

恐龙湾

哈诺马湾州立水下公园
Hanauma Bay St.
Underwater Park

948

基皮基皮基奥角
Kupikipikio Pt.

4

檀香山日出

1. 檀香山市区（地图P083B3）

　　檀香山是夏威夷州的州府所在地，也是夏威夷群岛中最大的城市和游客集散中心。它位于瓦胡岛的东南角，依山傍海，整洁美观，面积272.1平方公里，人口约39万，占瓦胡岛人口总数的一半多。

　　早期，这里是波利尼西亚人建在海边的一个名叫"火奴鲁鲁"的渔村，即"避风港"之意。18世纪后期，来往船只增多，小渔村逐渐发展成过往船只的停靠码头。由于附近山区盛产檀香木，华人便称它为"檀香山"。如今，这一带早已不再生产檀香木了，但在中国人的语汇里，"檀香山"这个名字更加形象，比火奴鲁鲁更好听易记，也更有历史意义。

　　夏威夷王国时期，檀香山变成了王国的首都。1898年美国将夏威夷吞并，开始在檀香山附近兴建海空军基地。之后，随着旅游业的发展，檀香山逐渐变成了以旅游观光业为龙头产业的现代化国际大都市。檀香山气候温和，环境优美，商业发达，旅游设施齐全，每年外来游客700多万。檀香山市区附近还有高等学府如夏威夷大学、波利尼西亚文化中心、东西方研究中心，以及图书馆和博物馆等，文化气息与商业氛围同样浓厚。

卡米哈米哈国王雕像

　　王宫的前面，有一座夏威夷国王卡米哈米哈一世的铜像，从基座算起，整个铜像高约六米。卡氏是历史上统一夏威夷群岛的第一位君主。他出生在夏威夷大岛，长大后成为部落酋长，行事作风干练，作战机智勇敢，最终用武力统一了夏威夷各岛，并于1810年建立起夏威夷王朝，卡氏登基为王，被尊为卡米哈米哈大帝，亦称快乐君主，在夏威夷土著居民中享有极高的威望。铜像上的卡米哈米哈头戴象征权力的王冠，身披金色斗篷，一手持矛，一手高高扬起，表示国王既决心捍卫王权，也欢迎客人的来访。每年6月，夏威夷人举行"卡米哈米哈国王日"纪念活动，高高的铜像上挂满了人们敬献的花链。长长的花链垂落接地，夏威夷人用鲜花串起了对国王丰功伟绩的敬仰思念之情。鲜花五彩缤纷，恍惚中，人们似乎回到了昔日的王朝时代……此景此情，着实让人感慨不已。

唐人街

19世纪初，恰逢大清嘉庆年间，夏威夷开始与中国通商，用当地盛产的檀香木换取中国的茶叶、丝绸和瓷器。之后，许多中国劳工来到火奴鲁鲁，在甘蔗和菠萝种植园做工，或者被雇来采伐檀香木。"檀香山"这个好听的名字就是华人对火奴鲁鲁的爱称。生性勤劳的华人在积攒了一些钱财后，在檀香山市区陆续开设店铺，北美最早的唐人街之一就这样诞生了。后来，唐人街先后遭受两场火灾，原来的街面几成废墟，现在的唐人街是在原来的地

檀香山中华基督教会

旅游资讯 地图导览

方重建而成的。在这片面积不大的东方社区里，沿街有中式的楼房、戏院、寺庙和中药店，更多的是中餐厅和出售国货的华人商铺。华人社团每年都会在这里举行各种活动，如水仙花游行。每逢中国的传统节日如春节和中秋节，这里还会有舞龙舞狮等庆祝活动。多数华人都可以讲普通话，大街上醒目的中文招牌、朱漆牌坊和龙凤雕塑，洋溢着浓厚的中华风情。华人给夏威夷带去了多姿多彩的华夏文明，为檀香山的发展做出了重要贡献。

孙中山的"兴中会"

檀香山在中国近代史上扮演着重要的角色。中国民主革命先驱孙中山青年时代曾来到这里从事革命活动。1894年，在当地华侨的支持下，孙中山在檀香山主持召开会议，中国最早的革命团体"兴中会"宣告成立。"兴中会"是"同盟会"的前身，它的诞生是中国近代史上的重大事件。此后，孙中山几次经由夏威夷前往欧美，宣传他的革命思想，为中国早期的革命事业呼号呐喊。为了铭记这位伟人的丰功，檀香山国际机场的中国花园为孙中山竖立了一座雕像，以示永久纪念。在唐人街的主街上，也矗立着孙中山先生的铜像，身着长袍，手持书卷，似乎正在深思中国未来的方向。

伊奥拉尼王宫

伊奥拉尼王宫位于瓦胡岛檀香山市中心的历史街区，建于1882年，曾是夏威夷王朝最后两

任君主卡拉卡瓦国王和丽莉卡拉尼女王的官邸。两层楼高的伊奥拉尼王宫简朴无华，虽然与中国和欧洲的多数宫殿不能相比，但它是北美洲唯一的王宫，对一个小小的太平洋岛国来说已经很够气派了。丽莉卡拉尼女王执政时期，来自美国的势力在岛上迅速扩张，与夏威夷王室的矛盾渐趋尖锐。1893年，慑于美国的武力威胁，女王被迫退位，王朝终结，这座昔日的王宫就是那一段历史的最好见证。

珍珠港和"亚利桑那"号国家纪念馆

珍珠港是世界著名的天然良港，因著名的"珍珠港事件"而举世闻名，目前它是夏威夷著名的旅游胜地。

珍珠港事件激起了美国人高昂的爱国热情。为了纪念死难的海军将士，肯尼迪总统于1962年宣布将"亚利桑那"号战列舰沉没的海域辟为国家陵园，由美国政府和私人共同出资修建的"亚利桑那纪念馆"于1980年在珍珠港落成。

纪念馆由陆、海两部分组成，陆上是辅助性设施，有游客中心、陈列室、书店和电影院。海上的长方形建筑是纪念馆的主体，它通体白色，外形就像一个巨大的拱形棺木，显得肃穆、凝重、庄严。纪念馆全长60米，为钢筋混凝土结构，借助海底的填充物，架设在已在海底沉睡多年的"亚利桑那"号战列舰残骸之上，纪

珍珠港纪念馆入口

念馆入口处是一个活动的浮台，里面是悼念凭吊大厅，白色大理石墙面上，镌刻着"亚利桑那"舰在日军空袭中牺牲的1177名海军将士的姓名。纪念馆中部，美国国旗高高飘扬，旗杆下端，就是"亚利桑那"号战舰的主桅杆，长满海藻的舰体残骸在海水中依稀可辨。

DEDICATED
TO THE ETERNAL MEMORY
OF OUR GALLANT SHIPMATES
IN THE USS ARIZONA
WHO GAVE THEIR LIVES IN ACTION
7 DECEMBER 1941
"FROM TODAY ON THE USS ARIZONA
WILL AGAIN FLY OUR COUNTRY'S FLAG
JUST AS PROUDLY AS SHE DID ON THE
MORNING OF 7 DECEMBER 1941.
I AM SURE THE ARIZONA'S CREW WILL
KNOW AND APPRECIATE WHAT WE ARE
DOING." ADMIRAL A. W. RADFORD, USN
7 MARCH 1950
MAY GOD MAKE HIS FACE
TO SHINE UPON THEM

珍珠港阵亡烈士纪念碑

贴士

前来纪念馆凭吊亡灵的人数每年多达百万，远远超过了原设计的承重负荷，致使纪念馆海上部分出现下沉，管理方虽多次试图用混凝土填充法将建筑物托高，但收效甚微。后来，管理方不得不出台临时措施，在人多时采取分批限量放行的变通办法。与此同时，纪念馆基金会也在积极筹集资金，打算另建新馆，以取代目前这座不断下沉的建筑物。

珍珠港海底的战舰残骸

2. 怀基基区域（地图 P083）

在夏威夷语中，怀基基是"喷涌之泉"的意思。据传说，很久以前这里是一片富饶肥沃的湿地，岸上盛产水稻和芋头，海中有捕捞不尽的鱼虾和贝类海鲜，是当地人农耕渔作的中心。1778年，在英国探险家库克船长来到夏威夷之前，怀基基早已是夏威夷王室的御用嬉水领地。夏威夷并入美国版图后，这一带进行了大规模的开发，如今已变成闻名全球的度假胜地。

怀基基海滩　P083B3

怀基基海滩面向碧波万顷的大洋，背靠高楼林立的酒店，海滩上细沙绵绵、绿树成荫、椰风海韵、人潮如涌、魅力四射、风光无限，是檀香山最具代表性的象征。这是块神奇的弹丸之地，每年吸引游客数百万，为夏威夷带来高达五十亿美元的观光收益。

怀基基水族馆

怀基基水族馆规模不大，却展示了超过2500种夏威夷群岛和太平洋海域的独特海生物。馆内详细地介绍了太平洋海域各种热带鱼群和珊瑚礁的分布状况，其中夏威夷州鱼、濒临绝种的夏威夷僧侣海豹、夏威夷海龟等，都是夏威夷本土特有的海洋生物。

怀基基海滩中段

从怀基基海滩向东开车几分钟，穿过榕树擎天的卡皮奥拉尼女王公园，就可以到达瓦胡岛的另一著名地标——钻石山。这座小山坐落在瓦胡岛的东南角，突兀于大海之滨，古时候的夏威夷人称它为"利海"，意思是金枪鱼那突出的额头。

钻石山实际上是一座小型死火山，距上次喷发已有十几万年，山的顶部就是一个巨大开阔的圆形火山口，传说这里曾是夏威夷火山女神佩雷的住地。十九世纪初，库克船长率英国探险队途经此地，从海上远远望过来，火山口的钙化结晶在阳光下闪闪发光。英国人误以为山上有钻石，给它起了个响亮的名字"钻石山"。

钻石山海拔240米，是瓦胡岛东南部俯瞰卡皮奥拉尼公园和怀基基海滩的制高点，山顶上曾建有瞭望台和炮兵掩体等防御工事，现在早已被划为国家自然保护区。在天气晴好的日子里，通往山顶的路上人来车往，蜿蜒的登山路尽头，是一条长长的隧道，穿过隧道即可进入圆形的火山口公园。游客可以沿着曲折的小径向上攀爬，登上山顶的火山口边缘。此刻，迎着习习的海风，一览山下的万顷碧波和绿荫遍地的山峦，登山的疲惫也就烟消云散了。从山顶俯瞰怀基基海滩和檀香山市区，湛蓝的海面和林立的高楼连成一片，水天一色，分外壮观。傍晚，可以在山顶上看日落，炫丽的晚霞映衬着火红的落日，慢慢地在海天相连的天际消失，此情此景，令人难忘。钻石山是夏威夷深受欢迎的徒步旅行目的地之一，它那标志性的剪影是夏威夷最著名的地标之一。

钻石山下的居民区

瓦胡岛

3. 瓦胡岛环岛区域（地图 P082–P083）

　　瓦胡岛海岸线长达300多公里，多沙滩，也多火山岩礁，其中已开发的沙滩有60多处，州立公园20多个，从南到北，到处美不胜收。游人最多的景点集中在岛的东南、东部和北部。西部和西南部开发较少，中部主要是种植园，游人较少。

　　如果驾车从檀香山向东，经过钻石山，沿着72号和83号滨海公路前行，你可以很方便地到达瓦胡岛的最北端，沿着930号公路继续向西南方向行进，途经瓦依阿卢亚镇，不远处便可以到达瓦胡岛西北尽头的卡恩纳之角。汽车掉头回转，沿1号高速经由瓦胡岛中部返回，一次环岛逍遥游就可以画上句号了。一路上，著名的景点一网打尽，瓦胡岛风光尽收眼底，岂不美哉！

瓦胡岛西北卡恩纳之角

中国帽子岛

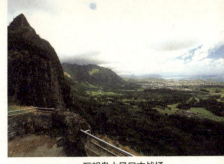
瓦胡岛大风口古战场

波利尼西亚文化中心　P082A3

位于瓦胡岛东北海岸，是一座大型的文化主题公园，也是瓦胡岛著名的景点之一。游人到这里不仅可以体验波利尼西亚民族文化，还能感受夏威夷岛原住民村落极其具有代表性的民族舞蹈及技艺。

库阿洛阿牧场　P083A3

库阿洛阿牧场（Kualoa Ranch）也被人称为古兰尼牧场，据传"Kualoa Ranch"中的"Kua"夏威夷语为"背脊"，"loa"为"长方形"的意思，其名形象地概括了牧场山的形态。由于这里绿草如茵、山谷翠绿，是一片良好的畜牧场地，许多游客都慕名前来体验骑马之乐。除此之外，这里还是《侏罗纪公园》《绿巨人》《失去的世界》等好莱坞影片的摄影地。

中国帽子岛　P083A3

中国帽子岛在瓦胡岛东北部的海边，沿着83号公路前往波利尼西亚文化中心的路上，你肯定能在面向大海的右侧看到这座孤悬在海上的小岛，不管从哪个角度看，都酷似中国人过去常戴的草帽，所以此岛就有了"中国帽子"之称。其实，它的真名叫"莫考利岛"，"中国帽子"只是它的别名。小岛的岸边，是一片开阔的沙滩公园；再远处，是一道屏障般突兀而起的山峦。据传说，这座山本是一条巨大的蜥蜴，因为冒犯了天庭，尾巴被斩断丢进大海，小岛就是由蜥蜴尾巴变来的。国人到了海外，对与中国有关的景点都会感到好奇。如果途经此岛，不妨停下来去看个究竟。

大风口　P083B3

瓦胡岛北部山区有一个大风口古战场也值得去探个究竟。这个叫努阿努帕里的大风口位于科奥劳岭脊上，这里是夏威夷著名的古战场，在当年为统一群岛进行的战争中，卡米哈米哈一世曾率部与另一部落在此浴血大战。因为处于两山之间，每当东北信风吹起，大风被两边山体阻挡，在这个隘口处形成呼啸的强风。

据说，风势猛烈时，路边的沙砾碎石也会被劲风吹起，人马难以站立。现在，这里已建成一个观景台，站在这两山之间的隘口，整个科奥劳岭谷的风光一览无遗，是岛上的一个特殊景观。不过，到这里来一定要保护好你的帽子和眼镜，稍不留意，它们恐怕就会随风而去了。

马卡普滩之角　P083B4

马卡普滩在夏威夷语中意思是"突出的眼球"，这个向海中突出的山脚在瓦胡岛的最东端，190米高的山梁上有一座古老的灯塔，从1909年落成到现在已超过百年，中间几经改造更新，现在仍在服役。有一条3公里长的小径从山下直达灯塔，灯塔上视野开阔，可以瞭望莫洛凯岛，也可以全视角欣赏瓦胡岛的东岸风光。附近的马卡普乌州立海滨公园、海洋生物园、兔子岛、鸟类保护地等景点，都是观海、看鸟、眺望鲸鱼迁徙的好地方。海滩上的怀马纳洛沙滩公园，坡缓沙细，水清浪静，深受当地居民和游客喜爱。

海浪喷泉口　P083B4

由于受到海水的长期侵蚀，瓦胡岛海岸火山熔岩下形成了许多隙缝和岩洞，恐龙湾北边的哈劳纳海边就是一个典型的例子。大风起时，海上白浪滔天，巨大的浪涌以千军万马之势扑向岸边，海浪被坚硬的熔岩挡住，在岸边翻滚撞击，一股股水流钻进深入熔岩的岩洞，在后浪的压力下从洞口喷涌而出，状若喷泉，高达十余米。此刻，岩洞中的空气在海浪的挤压下夺路逃逸，发出尖锐的啸声，形成天然的"风笛"，成为夏威夷天然奇景之一。此地也是瓦胡岛东岸观海的绝佳地点。晴朗的日子，从此地向东边大海眺望，朦胧中可以看到夏威夷第五大的莫洛凯岛和第六大的拉奈岛。每年冬季，附近的外

马卡普滩

海是鲸鱼迁徙必经之地，如果这个时候来看海，说不定能看到这种拖家带口、不时会浮上海面换气的庞然大物。

浮潜圣地恐龙湾　P083B4

恐龙湾位于钻石山以北的瓦胡岛东岸，远远望去，海湾附近山势起伏弯曲，凹进的海岸怀抱着浅浅的海湾，就像一头蜷伏在岸边的恐龙，故华人多称之为"恐龙湾"。其实，它的真名叫"哈诺马湾"，原是远古时代从海底冒出来的一座火山口，历经数万年的风吹浪打，火山口的一侧风化坍塌到海中，形成了一个与陆地相连的马蹄状海湾，与传说中的恐龙毫无关系。海湾里面海水清澈见底，由于水面下沙石和水草折射阳光的缘故，海面有的呈粉白色，有的浅绿色，有的湛蓝，有的深黑，彩色斑驳，煞是好看。这里的水质特别适合各类珊瑚和热带鱼类的繁衍生息，加之水清浪静，最适合浮潜观鱼。岸边，绿树芳草延绵成片，广阔的沙滩蜿蜒数百米，是人们休闲、戏水、享受日光浴和野餐的好地方。

贴士

据科学考察，这里的海洋生物群体多样化，生物密度远远超过其他海域，是天然的鱼类栖息地。但是，海洋生物体系十分脆弱，人类的活动逐渐带来了污染，恐龙湾的生态环境已经遭到一定程度的破坏。为了防止事态进一步恶化，当地政府和环保部门把恐龙湾设为海洋生物保护区，并投入巨资，在通往海湾的路旁建立了门禁和游客教育中心，展出该地的文化和历史，传播海洋环境保护知识。为防止人满为患，每天进出海滩的游客人数被限制在三千左右。恐龙湾的清晨和傍晚，海水最平静，气温风景俱佳，是游客来恐龙湾观光的最佳时刻。游客中心定期举办的海洋环保讲座和星光音乐会，无疑会给游客带来额外的惊喜。

钻石山灯塔瞭望台和卡哈拉豪宅区

钻石山之北，钻石滨海公路之旁，在一道45米高的临海悬崖上，竖立着一座17米高的灯塔瞭望台，红色塔顶，白色塔身，十分引人注目。这座灯塔已有一百多年的历史，它居高临下，俯瞰大海，不管白天黑夜，不论刮风下雨，多少年来一直默默地为往来的船只导航，可谓劳苦功高。

瞭望台以北不远的海滨，是富人区卡哈拉小镇，位置绝佳，交通便捷，建有许多豪宅，是檀香山乃至夏威夷房产最昂贵的社区。社区内清幽僻静，整洁的街道两旁，花草树木争奇斗艳，在平整如毯的草坪之上，一栋栋风格独特的洋房和别墅掩藏在绿树花海之间，一座比一座漂亮，一栋比一栋堂皇，任何一栋的价值都在数百美元甚至上千万美元以上。只有腰缠万贯的富豪和名人才可能成为这些豪宅的主人。

巴伯斯角　P082B2

巴伯斯角是瓦胡岛的南大门。这里有一处滨海公园，因位置较偏，游人不多，但很有特色。一座20多米高的白色灯塔高高地矗立在

卡哈拉花园洋房

海边，这是瓦胡岛南岸的制高点。附近海面辽阔，风急浪高，波涛涌来时，防护大堤前激起千层白浪，蔚为壮观；从这里向东北方向瞭望，越过火奴鲁鲁国际机场，檀香山和钻石山的天际线清晰可见，那一片海岸高楼林立，山体突兀，错落有致，绵延数公里，巴伯斯角无疑是拍摄檀香山全景的最佳地点。

天堂湾民俗村　P082B2

　　瓦胡岛的西南角，有一个名叫天堂湾的民俗村可以与北岸的波利尼西亚文化中心媲美。这里除了有风平浪静的沙滩、婀娜多姿的椰树、风景如画的景色

外，激情奔放的土风舞和晚上推出的祭神仪式和别有风味的"卢奥"大餐也是大批游客蜂拥而来的原因。按照古老的传统，当地人会在丰收季节举行盛大的庆祝仪式。他们戴着用鲜花编制的花环，身着鲜艳的民族服饰，在仪式上载歌载舞，热闹非凡。仪式上有一个节目是向神灵敬献夏威夷特有的烤全猪。烤好的全猪要先敬祖先和神灵，仪式后，游人才可以享用这些美味。如能参加这种活动，那肯定会是一段美好的经历，游客值得一试。

瓦胡岛西北岸冲浪胜地　P082A2

　　瓦胡岛西北岸是冲浪运动的发祥地。在凉爽的冬季，太平洋信风掀起巨大的海浪，由北向南，直到瓦胡岛以北偏远的浅滩才铺散开来，在瓦胡岛西北岸的浅海形成数米高的浪涌，把森塞特比奇到哈莱瓦港之间十余公里的近海变成了踏水冲浪的首选之地。附近有20多个冲浪点，每年的11、12月份，这里都会举办顶级的全球冲浪大赛，全世界最优秀的冲浪高手云集此地，在波峰浪尖上前仆后继，一竟高下，角逐最佳全能冲浪王的宝座。大赛惊险刺激，极富挑战性，成千上万的观众从世界各地赶来，瓦胡岛西北岸俨然变成了吸引冲浪爱好者前来观看冲浪比赛的"麦加圣地"。

　　在瓦胡岛西北端，有一个绿背海龟的繁衍栖息地——龟湾。这一带海上风浪较大，海底多岩礁，不适合游泳，但十分合适冲浪和海钓。瓦胡岛的最北端，龟湾的西南方，有一个叫森塞特比奇的地方，面对一望无垠的太平洋，视野十分开阔。这片海滩沙细浪静，一年到头游人络绎不绝，有的喜欢在平缓的浅滩戏水，有的支起五颜六色的遮阳伞，躺在沙滩上看书或闭目养神，还有的怀抱滑水板游向大海，

邮轮前的冲浪儿

等待着冲浪的时机。森塞特比奇最好的景色永远出现在傍晚，如果天气晴好，远方水天一色，万顷碧波之上升起几缕绚丽的晚霞，与徐徐下坠的落日交相辉映。这时的太阳已不再光芒刺眼，而是变成了一个橘红柔和的光盘，体积越来越大，慢慢地融入海面。夕阳被大海吞没之后，西面天边的霞云由明亮转为暗红，由暗红变成乌黑，天际线色彩变化万千，奇妙无比。森塞特比奇名不虚传，确实是瓦胡岛上观赏日落的最佳地点。

毛伊岛旅游热点

毛伊岛北部

古老的捕鲸小镇——拉海纳镇、大榕树公园、拉海纳游船码头、甘蔗小火车、卡阿纳帕利、捕鲸博物馆、亚奥山谷州立公园

毛伊岛东部

哈莱阿卡拉国家公园、哈纳、七圣泉

毛伊岛南部

毛伊海洋中心、毛伊热带植物园、度假胜地怀莱阿、马凯纳沙滩

毛伊岛
Maui

太 平 洋
PACIFIC OCEAN

毛伊岛丽池卡尔登饭店
Ritz Carlton Kapalua in Maui

卡帕卢阿
KaPalua

西毛伊卡帕卢阿机场
West Maui Kapalua Airport

捕鲸镇
Whalers Village
鲸类博物馆
Whalers Village Museum

卡胡卢伊
Kahului

卡胡卢伊湾
Kahului Bay

Ka'anapali 卡阿纳帕利

卡纳帕利海滩度假区
Kahana Beach Resort

亚奥山谷州立公园
'Iao Valley State Park

怀库库
Waikuku

卡胡卢伊机场
Kahului Airport

帕伊亚
Paia

拉海纳
Lahaina

甘蔗小火车
Sugar Cane Train
大榕树公园
The Banyan Tree

毛伊热带植物园
Maui Tropical Plantation

马卡瓦奥
Makawao

毛伊岛
Maui

哈纳公路

先锋旅馆
Pioneer Inn Hotel

马阿亚
Ma'alaea

毛伊海洋中心
Maui Ocean Center

马阿莱亚湾
Ma'alaea Bay

基黑
Kihei

库拉
Kula

库拉植物园
Kula Botanical Gardens

怀莱阿购物中心
怀莱阿
Wailea

毛伊岛格兰瓦雷阿度假饭店
Grand Wailea Resort Hotel and Spa

怀莱阿海滩公园
Wailea Beach Park

莫洛基尼岛
Molokini Island

马凯纳
Makena

马凯纳沙滩(大沙滩)
Makena Beach

哈纳机
Hana A

威阿纳帕纳帕
州立公园

哈纳
Hana

哈莱阿卡拉国家公园
Haleakala National Park

基帕胡卢
Kipahulu

七圣泉
Ohe Gulch(7

旅游资讯 地图导览

毛伊岛风光

1. 毛伊岛北部（地图 P100）

古老的捕鲸小镇——拉海纳镇　P100A1

　　从怀莱阿沿海岸向北，就是毛伊岛西北部古镇拉海纳。这一段海岸位于毛伊岛的背风面，风和日丽，波澜不惊，拉海纳小镇就是镶嵌在海滨中间的一颗明珠。历史上，这里曾经是夏威夷王国的首都。由于附近海域是座头鲸迁徙的必经之地，19世纪中叶，这里成为夏威夷的捕鲸中心，拉海纳亦被冠名为"捕鲸镇"。如今，捕鲸已成为历史，从前的渔港拉海纳已变成一座繁忙的旅游小镇。

　　风景宜人的拉海纳附近山高坡绿，云雾缭绕，超凡脱俗。小镇完整地保留了几百年前的建筑和历史遗迹，沿街有许多保存完好的木结构建筑，布局整齐有序，风格古色古香，富含历史底蕴，整个小镇已被列为国家公园。现在的拉海纳一派生机盎然，小镇的主街两旁，许多建筑已变成为游人服务的博物馆、展厅、画廊、商店和餐厅，古老的法院和教堂也被装修一新，供游人参观膜拜。据说，早期的中国移民曾在小镇上修建了一座致公堂，看来拉海纳与中国的渊源亦颇深厚。

　　拉海纳是个集旅游观光、餐饮美食、购物消遣、娱乐和艺术享受的完美之地。

大榕树公园

　　拉海纳前街的大榕树公园是拉海纳的旅游中心。每逢周末，由拉海纳艺术协会赞助的艺术之夜吸引众多游客前来观赏，久负盛名的美食大餐"拉海纳皇家卢奥"就是这里著名的活动之一。公园中央有一棵1873年栽种的大榕树，据说是世界上最大的古榕树，如今已139岁高龄，仍然枝繁叶茂，4000平方米的树冠遮天蔽日，榕树主干四周，长满了粗壮的连理根须，它们深入地下，变成了一根根支柱，默默地开枝散叶，与主干一起托着仍在扩张的树冠，可谓独木擎天，令人称奇！

大榕树公园

大榕树公园内

毛伊岛

拉海纳游船码头

拉海纳海边，用巨石堆成的防波大堤层层相连。古老的双桅船停靠在老式码头内，仿佛在向游人讲述当年捕鲸业的辉煌历史。码头鱼市上，摆满了刚刚捕捞上岸的海货，一种叫"马黑马黑"的方头鱼散发着新鲜的海味，倒挂在鱼钩上待售。防波堤外面的海面上，一群群青少年冲浪爱好者，勇敢地与大海博弈。

甘蔗小火车　P100A1

甘蔗小火车在毛伊岛蔗糖业繁荣发展时是专门用于运输甘蔗的，现在它已成为了深受欢迎的观光列车。这趟火车从拉海纳至卡阿纳帕利，坐在车厢上，可以沿途观看美丽的田野风光和气势磅礴的海岸。

卡阿纳帕利 P100A1

卡阿纳帕利位于拉海纳以北，曾以盛产龙虾闻名于世。现在，随着旅游业的蓬勃发展，昔日的渔村已脱胎换骨，变成了一片高档酒店和度假村。

卡阿纳帕利海滩长约5公里，沙白如粉、绵长细腻，有"银滩"之称，附近有40多个碧草如茵的网球场，2个世界级的高尔夫球场，加之此地海域风轻浪平，受到许多知名国际酒店集团的青睐，希尔顿、凯悦、威斯汀、喜来登等大酒店在岸边一字儿排开，煞是气派。

在全球顶级的海岛酒店排名中，毛伊岛名列第一，与卡阿纳帕利沙滩酒店的数量之多和档次之高不无关系。今天的卡阿纳帕利海滩已变成一块游人如织的风水宝地。

鲸类博物馆　P100A1

鲸类博物馆占地约326平方米，馆内展示了夏威夷捕鲸时代的各种具有纪念意义的图片、实物、鲸类骨架标本，以及鲸类骨制品等。馆内设有影片放映室，定时播放关于鲸的系列短片，在礼品店内还出售各种有关鲸的书籍和纪念品。

亚奥山谷州立公园　P100A1

亚奥山谷州立公园位于毛伊岛北部，整个园区被群山环抱，林木葱郁，花草茂盛，呈现出一片浓郁的绿意。站在观景台便能看到一柱擎天的伊奥针山，山涧溪谷旁种栽有很多热带作物，是一处观赏自然景观的好去处。

卡阿纳帕利

科纳帕里海滩

2. 毛伊岛东部（地图 P100）

哈莱阿卡拉国家公园　P100B2

哈莱阿卡拉国家公园横跨毛伊岛南部和东部海岸线，哈莱阿卡拉火山是毛伊岛的最高峰，从岛上的任何地方都可以看得到它。该公园占地面积约121平方公里，有三个独立的游客中心，因为这里是毛伊岛观赏日出的最佳地，很多游客和当地人都会早起开车到哈莱阿卡拉游客中心观看日出。

哈纳　P100B2

哈纳（Hana）位于毛伊岛崎岖不平的东海岸，由一条著名的哈纳公路把它和毛伊岛中部连接起来。从卡胡卢伊通往哈纳，虽然一路都是狭窄的单车道小桥、U型急转弯，但是沿途的海岛风光十分优美。哈纳镇古朴典雅，哈纳地区的沙滩色彩斑斓。

七圣泉　P100B2

著名的七圣泉位于通往哈莱阿卡拉国家公园的31号公路上，距离哈纳仅15分钟的路程。这里有层层叠叠的美丽水池，这些宁静的水池水源来自3公里以外的内陆，非常适合游泳。

3. 毛伊岛南部（地图 P100）

毛伊海洋中心　P100A1

　　毛伊海洋中心是一座大型的海洋生物保护场所。它完整的保存了太平洋海域的各类水生动物，并依照不同的深度设计展览区域，有珊瑚展区、海龟池、鲸类中心以及海底隧道等。游客在海底隧道，抬头便可看到各种五彩缤纷的鱼群。

毛伊热带植物园　P100A1

　　毛伊热带植物园地理位置得天独厚，气候舒适宜人，占地面积约24平方公里。园区种有各种谷物、花卉、水果等作物，像一座露天的农业展览馆。植物园专门设有游园车，一趟约40分钟，有解说人员提供导览服务。

怀莱阿　P100A2

　　毛伊岛西南沿海的怀莱阿位于毛伊岛"美女图像"的前胸，以新月形的平缓沙滩和顶级的高尔夫球场闻名于世，是个奢华美丽的度假

高尔夫球

胜地。十余公里长的海岸上，金色沙滩首尾相连，高档酒店比肩而立，别致的度假村点缀其间，著名的卡玛欧勒海滨公园坐落在金色沙滩的中端。这一带背风面海，南北两端被黑色的火山熔岩包围，水清浪静，是享受海泳和日光浴的理想之地。由于面向西边的大海，碧波一望无垠，怀莱阿也是看日落的理想之地。每年12月—次年4月，怀莱阿西边的海域经常有鲸鱼出没。怀莱阿度假区设备齐全，景观天然而独特，游人络绎不断，是闻名的度假胜地。

马凯纳沙滩(大沙滩)　P100A2

马凯纳海滩（Makena Beach），又名"大海滩"，是毛伊岛上最好、最大的海滩之一。金色沙滩绵延1000米，宽度达91米。这里非常适合游泳、浮潜，还可以在树荫下野餐，在一望无际的沙滩上晒日光浴。

考爱岛旅游热点

考爱岛东部
怀卢阿河、怀卢阿镇、卡帕阿镇

考爱岛南岸
卡洛亚古镇和波伊普度假区、阿娜拉水疗中心、号角喷泉、奥卢普阿大花园、拉威夷国家热带植物园、麦克布莱德花园和阿莱敦花园

考爱岛西北部
哈纳佩佩小镇和海港小镇怀梅阿、怀梅阿大峡谷、纳帕利海岸、基拉韦厄灯塔、哈纳莱伊镇、坦纳尔海滩、科凯埃州立公园

考爱岛
Kauai

坦纳尔滩　哈埃纳
Tunnels Beach　Ha'ena

普林斯维尔
Princeville

基拉韦厄灯塔
Kilauea Light House

哈纳莱海湾
Hanalei Bay

基拉韦厄　基拉韦厄湾
Kilauea　Kilauea Bay

哈纳莱伊海滩公园
Hanalei Beach Park

哈纳莱伊
Hanalei

纳帕利海岸州立公园
Napali Coast State Park

阿纳霍拉
Anahola

卡拉劳观景台
Kalalau Lookout

科凯埃州立公园
Koke'e State Park

米洛利区纳帕利海岸州立公园
Miloli'i Area Napali Coast State Park

科凯埃怀普瀑布营地
Camp Koke'e Waipoo Falls

怀厄莱阿莱峰
Mt. Wai'ale'ale

奥帕埃卡阿瀑布
Opaeka'a Falls

怀卢
Waif

波利哈莱州立公园
Polihale State Park

卡韦基尼山
Mt. Kawaikini

杯卢阿瀑布
Wailua Falls

怀梅阿峡谷观景台
Waimea Canyon Lookout

基洛哈纳火山口
Kilohana Crater

哈纳马乌
Hanama'u

卡希利山
Mt. Kahili

普希
Puhi

利胡埃
Lihu'e

哈纳马乌乢
Hanama'u'ili

凯卡哈海滩公园
Kekaha Beach Park

凯卡哈
Kekaha

普希
Puhi

利胡埃
Lihu'e A

怀尼哈湾
Wairuha Bay

怀梅阿
Waimea

奥卢普阿花园
Olu Pua Gardens

梅内湖内鱼塘
Alakoko(Menehune) Fish Pond

纳威利威利
Nawiliwili

哈纳佩佩
Hanapepe

卡拉黑奥
kalaheo

卡洛亚古镇
Old Koloa Town

考爱岛
Kauai

拉瓦伊
Lawa'i

盐池滩公园
Salt Pond Beach Park

埃莱埃莱
Ele'ele

喷潮口
Spouting Horn

波伊普海滩公园
Poipu Beach Park

波伊普
Poipu

太平洋
PACIFIC OCEAN

考爱岛港湾

旅游资讯　地图导览

1. 考爱岛东部（地图 P110）

考爱岛东部沿海被称为椰子海岸，椰韵婆娑，绿荫遍地。海岸以西，天际线下的NOUNOU山就像一个躺着的巨人，所以又被称作"沉睡的巨人山"。有一条弯弯曲曲的山间小径从东海岸一直通向瑙乌瑙乌山区，一路风光秀美，是徒步远足者的最爱。

怀卢阿河　P110A1

双叉状的怀卢阿河发源于中部的怀厄莱阿莱峰和卡韦基尼山脉，涓涓溪流从1千米高的山区由西向东顺势而下，逐渐汇集成水势澎湃的大河，在东海岸的怀卢阿和卡帕亚镇附近注入大海。怀卢阿河面宽水深，两岸风光秀丽，是夏威夷仅有的几条可以通航的河道之一。河水流经众多的名胜景点，如林木繁多的基阿华植物园、气势如虹的奥帕埃卡阿大瀑布和怀卢阿双瀑。怀莱阿河流域的"羊齿洞穴"名扬天下，这个美丽的洞穴实际上是一个巨大的熔岩石窟，里面长满了茂密的蕨类植物，或攀援而上，或倒挂垂悬，绿色盎然，生机勃勃，活像个天然的绿色教堂，是举行婚礼的吉祥之地，故又得名"阿罗哈天然大教堂"。

怀卢阿镇和卡帕阿镇　P110A1

秀丽的怀卢阿镇和卡帕阿镇守望在海边，像其他海滨城镇一样，安静整洁，是度假、休闲、购物的好地方。附近的海滩一个连着一个，沙细水蓝，深得游人喜爱。考爱岛首府利胡埃在怀卢阿以南，是考爱岛政治、经济、文化中心，也是考爱岛的航空和海上交通枢纽，附近的纳威利威里港口三面环山，水深浪平，是大型邮轮的停泊码头。考爱岛上没有高楼大厦，据说，为了突显考爱岛原始的自然风貌，当地政府规定所有建筑物均不得超过成年椰子树的高度。

怀卢阿大瀑布

考爱岛南部海岸

2. 考爱岛南岸（地图P110）

卡洛亚古镇和波伊普度假区　P110B2

　　南海岸有历史悠久的卡洛亚古镇和波伊普度假区，这里有不少历史文化景观，经常举行丰富多彩的室外活动。迷人的波伊普海滩水清浪静，最适合海泳和浮潜。这里供观赏的热带生物资源丰富，除各种色彩缤纷的鱼群外，有时还能看到体形硕大的夏威夷绿海龟。每年11月至次年3月，座头鲸巨大的尾鳍和喷水的鲸背经常在附近海上时隐时现，吸引许多游客前来观看。

阿娜拉水疗中心

　　波伊普海滩附近的阿娜拉水疗中心久负盛名。来到考爱岛南岸，许多人都会到这个水疗中心享受一次纯天然的美容理疗养生。客人可以在火山岩花洒下淋浴，可以到温泉池享受泡泡浴，也可以享受别具一格的按摩养生。水疗中心会以当地特有的黏土和天然植物乳霜为材料，运用夏威夷传统的康复手法，让你在轻松愉快的氛围中，体验到源于大自然的恩赐，可以达到身心放松、美容养生的目的。保健使用的黏土取自考爱岛热带雨林的火山岩层，经过特殊处理后，对人体肌肤有明显的净化、消毒、滋养和美容作用。天然的植物乳霜则是选用当地生长的花木，配上椰油和富含矿物质的熔岩粉末，按家传秘方混合配制而成，除了能去除皮肤角质，恢复光泽弹性，增强肌肤活力外，对人体新陈代谢和免疫系统也能进行综合调理。水疗中心为客人提供体贴入微的贵族式服务，虽然价格不菲，但一直受到众多明星大腕的推崇。爱美的游客不妨前往一试。

号角喷泉　P110B2

壮观的号角喷泉位于考爱岛南海岸，是最让摄影发烧友青睐的景点之一。当海浪接连不断地涌向熔岩岸边时，一股股海水冲进熔岩中的洞穴通道，在后浪的强力挤压下，从岩洞中夺路而出形成巨大喷泉，带着尖锐的哨音，冲向十米高的天空，故得名号角喷泉。传说这是一条被困在岩洞中的巨蜥的咆哮声。日落时分，号角喷泉在落日余晖和晚霞映照下，更加壮观美丽。

奥卢普阿大花园、拉威夷国家热带植物园、麦克布莱德花园

考爱岛被称为花园之岛，与花园遍地的南部海岸大有关系。这一带规模较大的花园中，以奥卢普阿大花园、拉威夷国家热带植物园、麦克布莱德花园和阿莱敦花园最有名。其中，占地1.06平方公里的麦克布莱德花园汇集的夏威夷本土植物最丰富，园内小桥流水，湖泊遍地，热带植物应有尽有。园内还有一面弧形的陶瓷"中国墙"，上面有麒麟、凤凰、花草等象征吉祥的彩色浮雕，样子有点像北海公园的"九龙壁"，据说是一个美国人在"文革"期间从中国购买后送给公园的。

阿莱敦花园

占地0.3平方公里的阿莱敦花园则是热带园林设计的经典之作，电影《侏罗纪公园》里那些高大挺拔的南洋巨杉就生长在这里。

考爱岛落日

怀梅阿大峡谷

3. 考爱岛西北部（地图P110）

哈纳佩佩小镇和海港小镇怀梅阿

　　小岛南岸偏西的哈纳佩佩小镇历史悠久，风格古朴的建筑吸引了电影《荆棘鸟》剧组来此取景，哈纳佩佩小镇后来还成为迪斯尼电影《星际宝贝》的原始模型。距此不远的西北方，另外一个海港小镇怀梅阿更具历史意义，因为1778年英国人詹姆斯·库克船长就是从这里首次登上夏威夷这片土地。为了纪念这一历史性事件，怀梅阿小镇的中心矗立着一座詹姆斯·库克船长的雕像，来此游玩的客人都会在雕像前拍照留念。

怀梅阿大峡谷　P110A1

　　威美亚大峡谷位于考爱岛西北部，延绵22公里，宽1.6公里，深达1097米。从威美亚峡谷观景台，能一览无余地看到高耸的山峰、崎岖的峭壁和深深的峡谷。壮观的内陆远景延绵数公里，地质奇观十分壮丽。

纳帕利海岸　P110A1

　　神秘的纳帕利海岸是考爱岛西北部的另一张名片。在夏威夷语中，纳帕利是"悬崖峭壁"的意思，这条闻名全球的海岸线从海上突兀而起，山势险峻，峰峰相连，南北绵亘30余公里。纳帕利山谷苍翠，山高坡陡，有高达900多米的悬崖，有层层叠叠的瀑布和海蚀岩洞，整个纳帕利海岸景观壮丽险峻，仿佛是一个魔幻世界。

　　据史书记载，大约600年前，一群波利尼西亚人翻山越岭来到了这片与世隔绝的深山老林，并在这片不为人知的地方定居下来。纳帕利海岸多阴雨，景观壮美但进出困难，考爱岛西北部的卡拉劳小道是进入纳帕利山区的唯一通道，但艰难崎岖，令人望而却步。游客可以乘观光飞机从空中掠览纳帕利海岸山海相接的奇美风光，也可以乘船从海上从容地欣赏这一壮美的自然奇观。碧波荡漾的大海之边，缭绕的云雾、朦胧的青山、红色的峭壁、绿色的雨林、飞泻的瀑布、飘忽的彩虹……美景让人目不暇接。有时候，阳光透过云缝照射下来，万缕光束洒向人间，纳帕利海岸变得分外妖娆，恍若仙境。这个深藏不露的地方陆续被外界发现，奇美绝伦的纳帕利海岸从此声名鹊起，成了世界上最壮观的自然景色之一。

基拉韦厄灯塔　P110A2

　　基拉韦厄灯塔位于考爱岛的北端，建于1913年，是夏威夷著名的地标之一。灯塔所处的基拉韦厄海湾是一个野生动物保护区，海中有海豹，岸上多海鸟，上下翻飞鸣叫的海鸟让这一片海岸充满生机。冬天，数不清的座头鲸于迁徙途中经过岸边的近海，场面十分热闹，灯塔附近成了观鲸的最佳地点。基拉韦厄灯塔是考爱岛北岸最受欢迎的景点之一。

旅游资讯　地图导览

哈纳莱伊

哈纳莱伊镇——滨海小镇 P110A2

哈纳莱伊镇位于考爱岛正北方的海边，是个商业和艺术气息浓郁的滨海小镇。小镇上有装潢新颖的商店、餐馆和艺术画廊，周边有葱翠碧绿的田园风光。半圆形的哈纳莱海湾附近，朦胧的山影衬托着波光粼粼的大海，山水相接，连成一片。由于处在信风带上，附近海面经常会掀起层层白浪，是冲浪健儿梦寐以求的冲浪佳地，老牌的哈纳莱冲浪学校就在这里。

坦纳尔海滩 P110A1

哈纳莱以西的坦纳尔海滩是另一个知名的冲浪点。这一带风高浪急，近海经常会出现卷筒状的海浪，如同一条变化莫测、不断延伸的波光隧道。真正的冲浪高手会驾驭这种滚筒式海浪，在通道内飞速前进，惊险绝伦！

科凯埃州立公园 P110A1

考爱岛西北部的科凯埃州立公园是欣赏本地植物和夏威夷鸟类的好地方。这个海拔近千米的公园毗邻壮美的怀梅阿大峡谷，占地17平方公里，里面有森林、草地、溪流和小径，许多游客喜欢到这里来休闲漫游。

夏威夷岛旅游热点

夏威夷岛中部

夏威夷火山国家公园、冒纳罗亚火山、基拉韦厄火山、冒纳凯阿火山、冒纳凯阿天文台

夏威夷岛的东部

夏威夷岛首府——希洛、怀皮奥谷观景台

夏威夷岛西部

科纳海岸、兰花园、普纳卢黑沙滩、凯阿拉凯夸湾

夏威夷岛
HAWAII

科哈拉州历史纪念地
Kohala Historical Sites State Mon.
哈威 Hawi
凯奥凯阿滩公园 Keokea Beach Park
卡帕阿海滩公园 Kapaa Beach Park
马卡帕拉 Makapala
波洛卢谷观景台 Pololu Valley Lookout
拉帕卡希州历史公园 Lapakahi S.H.P.
科哈拉森林保护区 Kohala For. Res.
怀皮奥湾 Waipio Bay
怀皮奥谷观景台 Waipio Valley Lookout
卡韦哈伊 Kawaihae
普科科霍拉神庙国家历史纪念地 Puukohola Heiau N.H.S.
卡韦哈伊湾 Kawaihae Bay
怀梅阿卡穆埃拉 Waimea(Kamuela)
哈马夸森林保护区 Hamakua For. Res.
霍诺卡 Honokaa
卡洛帕娱乐区 Kalopa S.R.A.
奥卡拉 Ookala
怀梅阿州娱乐区 Hapuna Beach S.R.A.
怀梅阿-科哈拉机场 Waimea-Kohala Arpt.
A
凯腊凯库亚山 Kaiepaka山
马诺怀亚莱保护区 Manowaialee For. Res.
劳帕霍埃霍埃州娱乐区 Laupahoehoe Nat. Area Res.
基霍洛湾 Kiholo Bay
怀科洛阿村 Waikoloa Village
冒纳凯阿森林保护区 Mauna Kea For. Res.
卡韦瓦溪瀑布州立公园 Akaka Falls S.P.
科莱科莱滩公园 Kolekole Beach Park
佩佩凯奥角 Pepeekeo Pt.
冒纳凯阿天文台 Mauna Kea Observatory
冒纳凯阿 Mauna Kea
哈卡劳森林保护区 Hakalau Forest N.W.R.
帕帕伊科 Papaikou
冒纳冰河时代国家娱乐区 Mauna Ice Age Nat. Area Res.
野生生物保护区
希洛湾 Hilo Bay
卡劳阿 Kalaoa
考普莱胡森林保护区 Kaupulehu Forest Reserve
冒纳凯阿州娱乐区 Mauna Kea S.R.A.
怀卢库州娱乐公园 Wailuku R.S.P.
希洛 Hilo
勒莱维滩公园 Leleiwi Beach Park
勒莱维角 Leleiwi Pt.
霍努阿乌拉森林保护区 Honuaula For. Res.
卡乌马纳洞穴 Kaumana Caves
老马诺
希洛国际机场 Hilo Intl. Airport
凯卢阿科纳 Kailua-Kona
卡哈卢森林保护区 Kahalu For. Res.
库克船长纪念碑 Captain Cook's Mon.
冒纳罗亚林地及禁猎区 Mauna Loa For & Game Res.
柯蒂斯敦 Kurtistown
纳纳瓦莱森林保护区 Nanawale For. Res.
B
库克船长村 Captain Cook
咖啡博物馆 Coffee Museum
冒纳罗亚天文台 Mauna Loa Observatory
冒纳罗亚火山 Mauna Loa
怀阿凯阿1942年熔岩流自然保护区 Waiakea 1942 Flow Nat. Area Pres.
普乌马卡拉国家保护区 Puu Makaala Nat. Area Pres.
芒廷维尤 Mountain View
熔岩树州立纪念地 Lava Tree
凯阿拉凯夸湾州立历史公园 Kealakekua Bay St. Hist. Park
夏威夷火山国家公园 Hawaii Volcanoes National Park
基拉韦厄森林保护区 Kilauea For. Res.
普纳森林保护区 Puna For. Res.
南科纳森林保护区 South Kona Forest Reserve
卡帕帕拉森林保护区 Kapapala Forest Reserve
卡哈瓦阿莱国家娱乐区 Kahaualea Nat. Area Res.
基拉韦厄 Kilauea
夏威夷岛 Hawaii
硫磺锥 Sulphur Cone
基拉尼厄火山
卡乌荒漠
基帕埃霍埃国家娱乐区 Kipahoehoe Nat. Area Res.
阿蕾火山 Alika Cone
卡乌森林保护区 Kau Forest Res.
库埃遗迹 Kuee Ruins
阿普阿角 Apua Point
米洛利米洛利 Miloli'i
帕帕 Papa
马努卡州立路旁公园 Manuka St. Wayside
普纳卢 Punaluu
纳利卡卡尼角 Nalikakani Point
米洛利海滩公园 Miloli Beach Pk.
普纳卢滩公园 Punaluu Beach Pk.
马努卡国家保护区 Manuka Nat. Area Res.
霍努阿波 Honuapo
惠廷顿滩公园 Whittington Beach Pk.
考纳角 Kauna Pt.
卡胡库 Kahuku
纳阿莱胡 Naalehu
太平洋 PACIFIC OCEAN
卡拉埃角(南角) Ka Lae(South Cape)
绿沙滩 Green Sand Beach

1. 夏威夷岛中部（地图P120）

夏威夷火山国家公园　P120B1

　　夏威夷火山国家公园是夏威夷岛最著名的景观。夏威夷火山国家公园最著名的地标是冒纳罗亚和基拉韦厄这两座活火山。

冒纳罗亚火山　P120B1

　　冒纳罗亚火山是夏威夷第一大活火山，海拔4.17公里，山体呈圆锥形，雄浑巍峨，昂然屹立在众多的火山口中间。据记载，这座火山历史上共喷发过35次，山顶上至今还留着白烟袅袅的火山口。最近一次喷发是在1984年4月，当时，天空乌云滚滚，电闪雷鸣，火红的熔岩缓缓流下山坡，向首府希洛的方向流泻了20多公里，场面十分恐怖。由于大量熔岩从火山口溢出下泻，每一次火山爆发都使冒纳罗亚的山体进一步增大。

基拉韦厄火山　P120B2

基拉韦厄火山位于冒纳罗亚火山的东南侧，海拔1.2千米，是夏威夷最活跃的活火山，有30年喷发50次的惊人纪录。1983年到1984年4月一年左右的时间里，这座火山居然爆发了17次，频繁程度实属罕见。火山爆发的情境壮观而恐怖。站在数公里之外，游人就可以感受到炽热的气浪扑面而来，闷雷般的轰鸣声中，沸腾的岩浆像红色的焰火喷泉，冲破滚滚烟雾，从火山口喷向天空，高达数百米，金黄和暗红色的岩浆从山腰的裂隙中缓缓溢出，然后顺势而下，翻滚的熔岩火花四溅，汇成一条红黑色相间的巨流，摧枯拉朽，势不可挡。相传，基拉韦厄是夏威夷火山女神佩雷居住的地方，她经常到太平洋诸岛云游，基拉韦厄火山的爆发就是为了迎接远游归来的她。

冒纳凯阿火山　P120A1

夏威夷岛北部的冒纳凯阿火山是世界上最大的单体休眠火山，上一次喷发距今已经有4000多年了。冒纳凯阿火山海拔4.2千米，是夏威夷群岛的最高峰。这座火山底部深入海平面以下6千米，如果从太平洋海底算起，整个高度超过10千米，比世界最高峰珠穆朗玛峰还要高出1000多米。在夏威夷语中，冒纳凯阿即"白山"之意，山顶终年被白雪覆盖，壮观、圣洁、美丽。

冒纳凯阿天文台　P120A1

由于海拔高，空气洁净，透明度极高，周围又没有任何人工照明，冒纳凯阿山顶特别适合观测天体活动，是全世界最先进的国际天文台的首选之地，著名的欧尼祖卡国际天文中心就设在这里。世界顶尖的天文学家们会集在这里，使用最现代化的光电天文设备，观测着地球表面三分之一以上的辽阔天域。天文台设有游客接待站，欢迎爱好天文的游客前去体验奇妙的观星之旅。在皑皑白雪覆盖的火山之巅，夜空中布满了闪烁的繁星，周围万籁俱寂，面对深邃神秘的万里长空，你可以通过先进的光电仪器窥探宇宙的秘密。这时，你自己仿佛也变成了一颗小星星，融入到一个与天地同体的神秘境界。此景此情，恐怕只能用酷炫、刺激、终生难忘、无与伦比等词来形容了。

2.夏威夷岛东部（地图 P120）

夏威夷岛首府——希洛　P120A2

希洛是夏威夷岛的首府，人口约43200多人面对开阔的希洛湾，是夏威夷岛东海岸最重要的城市。这里有国际机场和码头，是东北海岸的交通枢纽。历史上，希洛曾是夏威夷统一后的第一个首都。1946年和1960年，希洛两次遭到海啸袭击，元气大伤，夏威夷人至今仍心有余悸。希洛市的西南面是著名的夏威夷火山国家公园，附近有气势如虹的阿卡卡瀑布和彩虹瀑布、蜿蜒曲折的海滨观光公路、郁郁葱葱的山林田野、弯弯曲曲的山涧溪流，沿途风景如画，令人惊艳。

怀皮奥谷观景台　P120A1

怀皮奥谷俗称"国王之谷"，是夏威夷王朝的开国国王卡米哈米哈的家乡。怀皮奥山雄踞夏威夷岛北岸，山高谷深，刀切般的海岸守护着山谷的门户，是个"一夫当关、万夫莫开"的战略要地，少年时代的卡米哈米哈就是在这里长大的。怀皮奥山谷是夏威夷人的圣地，谷中两边是雄浑的高山，中间是平缓如茵的谷地，有险峻的悬崖和峭壁，有茂密的植被和雨林，有飞泻的激流和瀑布，还有一条落差400米的希拉威大瀑布。这些藏在深谷人难知的自然景观把国王之谷变成了一个真正的桃源仙境。有小路直达谷底，游人可下到谷底观光游览。

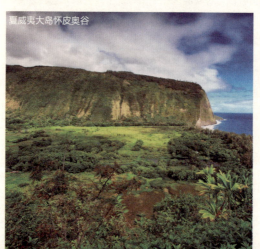
夏威夷大岛怀皮奥谷

希洛市

3. 夏威夷岛西部（地图 P120）

风光无限的科纳海岸　　P120A1

　　凯卢阿科纳是夏威夷岛西部充满活力的海滨重镇，数百公里长的海岸线贯通南北两区，有国际机场和邮轮码头，交通发达。因处于信风下风口，多晴天，少风雨，昼夜温差小，气候温和，加之这一带火山土壤肥沃，特别适合咖啡树生长。科纳咖啡有一种特殊的香味，在世界鼎鼎有名。来到科纳，几乎没有人能抵挡科纳咖啡的诱惑。

　　科纳附近海水清澈宁静，沙滩遍布，酒店商铺林立，是西岸著名的旅游中心。皇家科纳度假区的"卢奥"歌舞大餐是这里的经典旅游节目，科纳也是世界铁人三项锦标赛的举办地。科纳古迹众多，夏威夷第一座教堂"莫库艾卡瓦"于200年前落户科纳，卡米哈米哈国王在科纳拥有行宫，他生命最后的时光也是在这里度过的。不少王室成员喜欢来此度假，古老的"合艾合艾宫"就是昔日王朝建筑的代表作。

　　乘潜艇到海底，以一种不同寻常的方式体验科纳海域的魅力是观光客的另一最爱。有多家公司为游客提供海底观光服务，"亚特兰蒂斯"观光潜艇就是其中之一。随着观光潜艇徐徐潜入大海，你可以下到30多米的水下，美丽的海底珊瑚礁和热带鱼群一览无遗，火山岛周围的海底风光可以尽收眼底。

亚特兰蒂斯观光潜艇

旅游资讯　地图导览

兰花园

兰花园是夏威夷岛的另一大看点。夏威夷岛盛产兰花，兰花园多由日本裔经营，现在夏威夷岛上许多地方都种植兰花，兰花业开始呈现多样化态势。希洛附近有一家兰花园，面积大如高尔夫球场，是全美品种最齐全的兰花园。按照夏威夷习俗，女孩流行佩戴兰花，未婚女戴在左边，已婚女戴在右边，有鲜艳玉润的兰花相伴，女孩当然格外娇艳美丽。

贴士

夏威夷岛上还有专门以兰花为招牌的酒店。岛的西北部科哈拉海岸的费尔蒙特兰花酒店就是一例。酒店好像是个兰花大观园，美丽的兰花造型把酒店装扮得分外雅致。酒店附近还有幽静的彩色沙滩、飞泻的瀑布、青翠的山峰、蔚蓝的大洋，以及顶级的高尔夫球场，价格不菲，但十分受游客喜爱。

普纳卢黑沙滩　P120B1

普纳卢黑沙滩位于夏威夷岛东南部，景色独特。夏威夷岛上频繁的火山活动，造就了夏威夷岛独具一格的火山风貌。经过长期的海浪冲击和时光风化，海岸上大片的黑色熔岩被切割肢解，许多地方变成了细碎的黑沙滩。黑沙滩虽不如普通沙滩那样平坦、柔缓，但富含镁铁等矿物，吸收阳光好，热量反射佳，更容易让人晒黑，是许多喜欢日光浴游客的最爱。黑色的沙滩，清澈的海水，加上黑色岩礁和上面翠绿的海苔，景物别具一格，分外艳丽。附近经常有海龟光顾，游人可以围观，但不能触摸。人与自然和平共处，其乐融融。

凯阿拉凯夸湾　P120B1

凯阿拉凯夸湾是英国航海家詹姆斯·库克船长当年在夏威夷岛登陆和遇害的地方，今天，这个海湾已变成一个备受游客欢迎的浮潜圣地。

普纳卢黑沙滩

旅游须知

1. 意外应急须知

（1）护照遗失

如果护照遗失，就要尽快向当地的警察局报案。报案后警察会把丢失的证件号码记录下来，然后给你一个报案号码的卡片，拿着这张卡片，在夏威夷岛的任何地方都可以查到你的报案记录。但是一定要记得索取报案证明，否则报案无效。还要记住，报案后应该立即向当地的中国总领事馆报告并申请补办护照。

（2）机票遗失

补办丢失机票，一般分为以下两种情况：一种是如果能确认丢失机票的详细情况，则可以重新签发；二是购买待用机票，如果丢失的机票值机时没被使用过，则可以申请退回丢失机票的金额。如机票遗失且不记得机票的详细内容，可以向购买机票的中国公司驻外办事处联系，查询详情。

（3）旅行支票遗失

旅行支票遗失后，一定要给旅行支票发行公司海外服务中心打电话挂失，并办理停止支付手续和补办新的旅行支票。

在购买旅行支票的时候，应该注明挂失电话的号码以及详细的说明，以便遗失后补办。VISA旅行支票可以直接找花旗银行办理相关

物品遗失

观光飞机

手续，其他的旅行支票可以带着护照、购买支票的税单、剩余支票的号码到当地旅行支票发行公司或代办处办理挂失和补发手续。如果在夏威夷州当地无法补办，可以回国后凭单据以及挂失凭证向你购买旅行支票的地方申请补回人民币。

（4）行李丢失

在飞机上或者巴士上遗失行李，要尽快找工作人员帮忙核查是否有人拿错了行李，如果不是，要与客服部联系填写遗失表单。填写好的表单，建议保留一份副本，并将收下你表格的工作人员的姓名或识别号码记下来，以便联系或作证明之用。

此外，在旅游的时候，建议贵重物品和文件要随身携带，尽量避免因行李遗失而丢失贵重物件的遗憾事发生。托运时，建议标明行李的具体价格，如果是机场方面的问题，标上价格以便能够得到理应的赔付。

（5）生病

在前往夏威夷之前，一定要购买一份健康保险，如果必须要服用医生开的药品，要把量带足，还要带上处方，以便补充药品。如果遇到紧急情况，在城镇可以拨打911呼叫救护，接到电话有关部门就会派人前来帮忙。在夏威夷，如果生病了，应该注意休息，不要勉强出游，那样就会加重病情，得不偿失。

指南针

（6）迷路

人们初到一个陌生的环境，就容易出现迷路的现象，如果发生这样的事情，应该怎么办？"有事找警察"这句话是国际性的，如果迷路的话，就找附近的警察问路。如果没有警察，可以去问附近小商店的老板，相信他们会很乐意帮助你。不过，建议出行时随身放一张地图在包里，并且携带一个指南针，以便识别方向和辨认路线。

如果在野外迷路，应立即停下观察周围的环境，仔细回忆走过路程的一些地理特征，不要盲目前行；同时要使用地图或指南针，找出自己大概的位置和住宿的方向，看看周围有没有与地理标志相符的地理特征；最后，可以利用自然景物明确方向，如太阳、植被等。

（7）遇到小偷

夏威夷的旅游业日益发达，游客也在不断地增多。在旅游途中，游客身上肯定会带较多的现金，因此要做好防盗准备。万一不幸被偷或被抢，第一时间要向当地的警察报案，不要自己去抓小偷。如果在旅馆遗失东西，可以通过旅馆柜台人员找警察来处理，是贵重物品的话，应要求当地的警察开被盗证明，方便以后向保险公司索赔。

（8）被蜘蛛咬

夏威夷蜘蛛非常多，会引发疾病的有黑寡妇蜘蛛、棕色隐遁蜘蛛等。其中，黑寡妇蜘蛛是黑色或褐色的，顶部闪亮，腹部则是明显的红色或橘黄色沙漏形状，一般在木桩、栅栏、室外厕所中比较常见，被咬后一定要用冰敷，并迅速前往医院。被棕色隐遁蜘蛛咬伤后，通常会出现较大的红肿伤口，有时还会引起发热或发冷，应冰敷后再去看医生。

（9）被海洋动物伤到

夏威夷比较常见的能伤人的海洋动物有海胆、蝎子鱼、夏威夷狮鱼等，人们一旦被这些动物刺伤了，应立即将刺伤部位浸入热水中，严重的话应前往医院治疗。在夏威夷，海蜇和僧帽水母也是比较容易伤人的海洋动物，即使是被冲上海滩数小时的僧帽水母，触摸后也会引起烧灼般的疼痛。被海蜇蜇伤后，应迅速用醋清洗皮肤，然后迅速前往医院接受治疗。

2. 重要的联系方式

夏威夷属中国驻洛杉矶总领馆的辖区，国人如果遇到事故，应首先与我驻洛杉矶总领馆联系。

中国驻洛杉矶总领事馆

地址：443 Shatto Palace, Los Angeles, CA 90020

电话：213-8078088

网址：www.losangeles.china-consulate.org

©《中国公民出游宝典》编委会 2014
所有权利（含信息网络传播权）保留，未经许可，不得以任何方式使用。

图书在版编目（CIP）数据

海岛明珠夏威夷/《中国公民出游宝典》编委会编著. —北京：
测绘出版社，2014.5
（中国公民出游宝典）
ISBN 978-7-5030-3391-9

Ⅰ.①海… Ⅱ.①中… Ⅲ.①旅游指南-夏威夷 Ⅳ.
①K971.29

中国版本图书馆CIP数据核字（2014）第033543号

人文地理作者：万经章

策　　划：	赵　强		
责任编辑：	黄　波		
地图编辑：	黄　波		
责任印制：	陈　超		
出版发行	测绘出版社	电　话	010-83543956（发行部
地　址	北京市西城区三里河路50号		010-68531609（门市部
邮政编码	100045		010-68531363（编辑部
电子信箱	smp@sinomaps.com	网　址	www.chinasmp.com
印　刷	北京新华印刷有限公司	经　销	新华书店
成品规格	125mm×210mm	印　张	4.5
字　数	110千字	版　次	2014年5月第1版
印　次	2014年5月第1次印刷	定　价	30.00元
书　号	ISBN 978-7-5030-3391-9/K·439		
审图号	GS（2014）147号		

本书如有印装质量问题，请与我社门市部联系调换。